学童保育指導員

ドド先生物語

ルポ 八田圭子
Hatta Keiko
解説 前田美子
Maeda Yoshiko

高文研

目次

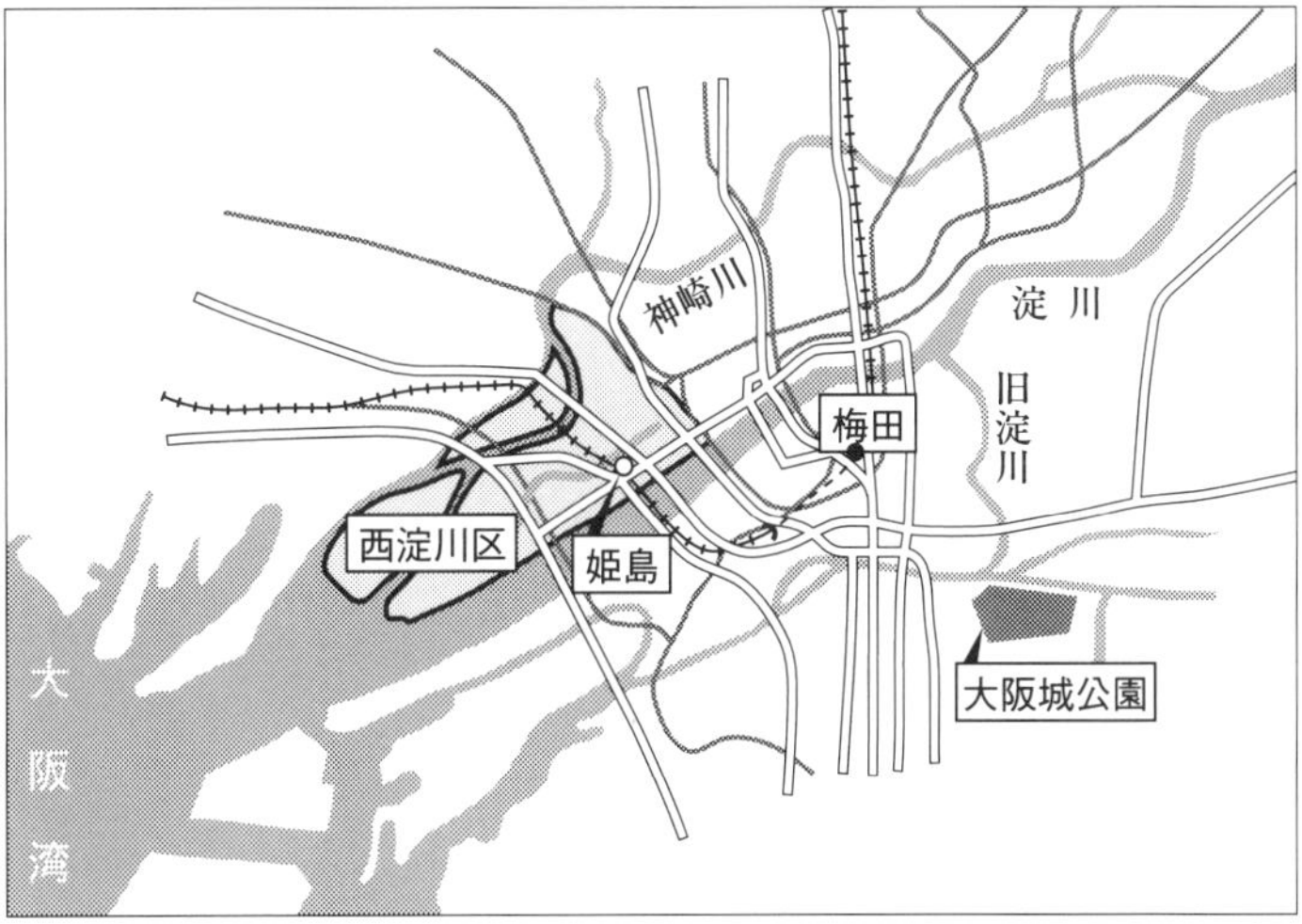
神崎川
淀川
旧淀川
梅田
西淀川区
姫島
大阪城公園
大阪湾

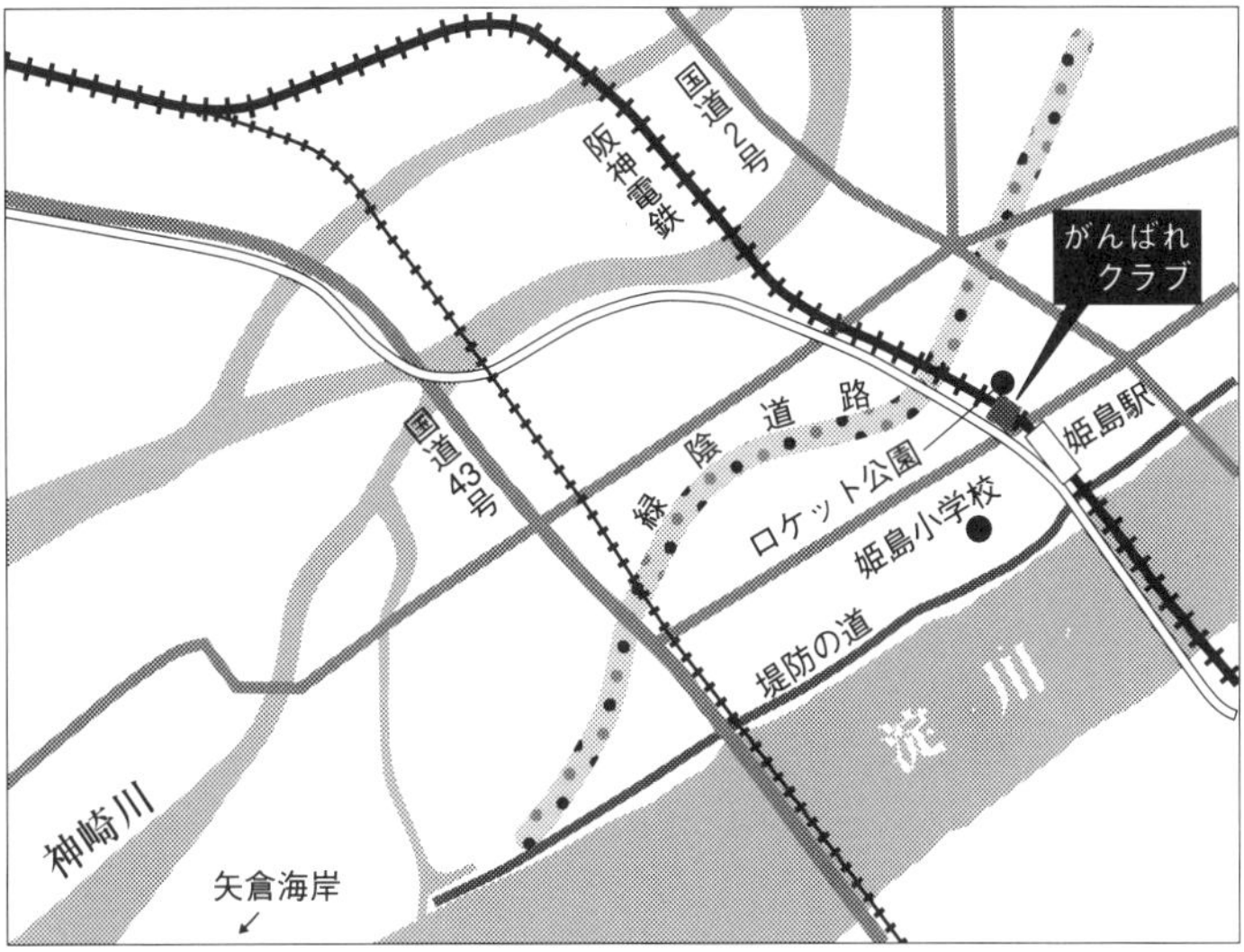
阪神電鉄
国道2号
がんばれクラブ
姫島駅
緑陰道路
ロケット公園
姫島小学校
国道43号
堤防の道
淀川
神崎川
矢倉海岸

装丁　商業デザインセンター・松田礼一

I 「がんばれクラブ」の子どもたち

プレハブの「がんばれクラブ」の前で。最後列左端がドド先生。

✣「がんばれクラブ」のあるところ

大阪と神戸を結ぶ阪神電車に乗って淀川の鉄橋を西へ渡ると、すぐ次の駅が姫島駅だ。駅の周辺は、淀川に並行している幹線道路、通称「産業道路」のほかは、車二台がやっとすれ違えるほどの、あるいは一台分の幅しかないような細い道が何本も交差している。そのひとつ、電車の高架に沿ってまっすぐ伸びている道を行くと、高架の下に資材置き場やガレージなどが並んでいる間に、緑のフェンスで囲まれたプレハブの建物が見える。それが、大阪市西淀川区の学童保育所「がんばれクラブ」だ。

ここにやって来るのは、主にここから南に広がる校区、姫島小学校に通う子どもたちである。小学校からこの「がんばれクラブ」までは、大人の足で七~八分というところだ。

フェンスには、真っ赤な郵便受けと新聞入れが下げてある。クリーム色の建物の、向かって右端に青いひさしが突き出ていて、アルミサッシの引き戸が一枚、それが玄関である。ドアは、指導員が朝、鍵を開けてから閉めて帰るまで、開けっ放しになっている。

屋根もひさしと同じ青色で、屋根のすぐ下側の壁に、塗料がいく筋か垂れているのを見

電車の高架の下に建つプレハブの「がんばれクラブ」

ると、ペンキ塗りをしたのは本職ではなく「がんばれクラブ」を運営する父母や指導員たちだということが分かる。

銀色のサッシにすりガラスの窓がふたつ。玄関に近いほうの窓は、半開きになっていて、バザーのポスターと、映画『ランドセルゆれて』のポスターが貼ってある。窓の下は、コンクリートを打ってしつらえた足洗い場。二つある蛇口のひとつは、ホースで二層式洗濯機につながれている。

フェンスと建物の間のわずかな「庭」は、面積にして三メートル四方程度の空間ではあるが、秋になると時々ここにドラム缶を出してきて、子どもたちが焼き芋をしたり、木切れを集めてきて工作をするスペースになる。

フェンス際《ぎわ》には背の高いびわの木が一本立っていて、一年中、光沢のある濃緑の大きな葉っぱを茂らせている。初夏、オレンジ色の実がなると、決まって誰かが登っては、むしゃむしゃ食べてしまう。

フェンスの左側の角に置かれた小屋には、「がんばれハウス」と赤いマジックで書かれたプレートが打ちつけてあり、中に集めてきたレンガや木の棒が収納されている。この小屋は、高学年の子どもたちの手作りである。何枚ものベニヤ板を打ちつけたもので、高さは一・五メートルほどある。

玄関と窓の間の壁に貼りつけてあるのは、「がんばれクラブ」と書かれた表札。二十センチ×五十センチくらいの横長の木の板に、子どもたちが下地を紺色に塗り、白いペンキで文字を書いたものだ。白のペンキがだいぶはげてきて、離れて見ると文字が読み取りにくくなってきている。その表札の左下部分を長方形に黄色で塗りつぶして、その中に四人の子どもの顔が描かれているが、どうやら四人とも男の子のようだ。右上部分の、クリーム色の正方形の中には、ウサギや女の子の絵が描かれている。

玄関から中に入ると、縦、横ともに一メートルほどしかないスペースの斜め半分が、コ

「がんばれ」の内部。中央の机の左手にあるのは、積み重ねた畳。

ンクリートの三和土《たたき》になっていて、壁には布製の手作りラックが掛けてある。ポケットごとに一年生から六年生までの子どもの名前が貼り付けてあり、数人のポケットにはおたよりが入ったままになっている。メンバーは全員で四十名いるが、常時、顔を見せているのはそのうちの二十四名である。右手の壁際は、作りつけの靴箱と収納スペース。そして、左手が育成室だ。

育成室で空間としてキープされている広さは、ざっと見て十五畳ほどである。庭に面した窓の下は、子どもたちのロッカーや物品販売用の棚、タオルや予備の着替えが入っている籐《とう》の洋服入れ、スチールの清掃道具入れなどが置かれている。

育成室の東側の壁は、全面本棚になっていて、「がんばれクラブ」開所以来、少しずつ持ち込まれた絵本や児童文学の本がぎっしり並んでいる。

そして南側の壁は、学習机、事務用そで机、スチールの扉つき書類棚、プラスチックの書類ケース……。種類は、見事にばらばらである。

西側の壁の一番南にドア一枚分空けられた入り口があり、そこから奥にあるのが台所だ。中は、大人一人が立って動くのが精いっぱいといった感じで、小さな流し台と、鍋やボウルが積み上げられた調理台、背の高い木製の食器棚が置かれている。

台所の入り口の横に指導員の事務机が置かれ、書類やら紙のファイルやら印刷物がぎゅうぎゅうに並べられている。懐かしい黒電話も、現役である。

その横のスチール本棚には、上半分のスペースに熱帯魚の水槽が陣取り、子どもたちが帰ってくると、水槽のライトがつけられる。棚の一番下は、生協で買いだめしてあるお菓子類がいっぱい入った通い函《ばこ》だ。

そして、玄関に一番近いところがトイレである。針金入りの大きなガラスがはめこまれたドアと白い壁なので、中はずいぶん明るい。

子どもたちが帰ってくる時間になると、畳一枚ほどの大きさの、がっちりした木の机がまん中に出される。そこで、宿題をしたりおやつを食べたり、工作をしたりするのだ。

他にも、家庭の居間にあるような猫足の机や、折りたたみの足がついたクリーム色の机が立てかけてあり、隅には、畳が六枚と半畳一枚が積まれている。

何にしても備品はほとんど寄せ集めという感じで、それが、みんなで運営している「共同学童保育」を象徴しているようにも見える。

「がんばれクラブ」の前の道、つまり高架沿いの道路を駅のほうから歩いてくると、夕方近くから営業し始める飲食店や美容室などが並び、次に住宅が百メートルほど続く。そのうち「がんばれクラブ」寄りの半分は真新しい家ばかりだ。そのあたりは、つい一年前までは工場のコンクリート塀に囲まれていた。

その先から、「がんばれクラブ」の向かいに建つ自動車部品会社までの間には、工場や事務所が並ぶ。そして、ちょうど「がんばれクラブ」の斜め向かい、部品会社の隣が、広さ〇・一キロ平方メートルほどの「ロケット公園」だ。

子どもたちが思い切り身体を動かすことのできる空間は、「がんばれクラブ」から目の届く範囲にはここ以外に見当たらない。この公園は子どもたちが自然の光や風を受けながら、あり余るエネルギーを安心して遊びに投入できる、貴重な空間となっている。

学童保育は、親が働いていて、親に代わって保護者となる祖父母などもいない留守家庭の小学生を通わせている保育施設である。子どもたちは、学校が終わるとランドセルを背負って、学童保育に「帰って」くる。

職員は「指導員」と呼ばれ、午前中から午後にかけては、指導員研修や会議、保育に必要な準備などをこなし、やがて子どもたちが帰ってくれば、お帰りの時間までは子どもたちの「親」となる。とはいえ、ひと口に学童保育といっても、その運営形態や設置場所、職員の位置づけ、規模など、自治体によって千差万別である。

「がんばれクラブ」の場合で見ると、年度始めに一年間を見通して、遊びや行事の取り組み計画が立てられる。コマ回しやケン玉といった伝承遊びや手作りの割りばし鉄砲、マラソン、野球、Sケン、凧あげ、もちつきなど、遊びの種類はあげればきりがないほど豊富で、子どもどうしでルールや作り方を教え合い、時には、揃ったメンバーや状況に応じていろいろ工夫しながら楽しむ。

遊びの種類によっては、目標を設定して段階を達成するごとにシールを貼っていくなど、楽しく競う工夫がほどこされたり、みんなで披露し合う場が持たれたりする。

年間行事としては、新入所児童の歓迎会に始まり、ハイキングや社会見学、お誕生会、クリスマス会などが行なわれる。

おやつや昼食作り、その準備や後片付けなども、仲間と一緒にやれば、単なる「仕事」ではなく「遊び」に近くなって、子どもたちは、家でのお手伝いの時には親に見せないような、頼もしい一面をのぞかせたりする。

そういった日常の取り組みは、子どもたち自身が決めた班を単位にして、班長を中心に進められたり、学年別に設定されたりする。ここでは、年齢という「縦の関係」と、班という「横の関係」を常に意識した生活が営まれている。年に数回、班替えが行なわれる時は、高学年が中心になって一人ひとりの希望を聞きながら、それぞれの個性をうまく組み合わせて各班のメンバーとリーダーを決めていく。

保育時間は大阪市内の場合、夕方五時半までとなっていて、時間がきたら再びランドセルを背に、それぞれの自宅へ帰っていく。子どもたちは、いわば放課後の学童保育と自宅と、一日に二度「帰る」生活を送っている。

午前中、「がんばれクラブ」の窓は開け放たれて、育成室に掃除機の音が響く。同時に庭では洗濯機が回り、緑のフェンスにたこ足の物干しが引っ掛けられて、タオルやふきんが干される。肩までの黒髪にトレーナーとジーンズ姿のすらっとした女性が、玄関から出たり入ったり、忙しそうに動いている。

彼女が、「がんばれクラブ」の指導員、「ドド先生」である。

❖「がんばれクラブ」の生活

毎年五月の連休明けに持たれる父母会で、ドド先生は前年度の活動内容を総括し、「がんばれクラブの生活」というＢ４の紙二枚に報告している。紙一面に表が書かれ、毎月の出来事や取り組みなどが記されている。項目は、「ちょっとしたエピソード・生活の流れ」「よくしたあそび」「ちょっとしたイベント」「仕事」「その他」の五つ。

「仕事」というのは、子どもたちの取り組みのことで、主におやつや昼食作りの内容が書き込まれている。六月と十二月の欄には「ロケット公園そうじ」とある。公園の清掃当番のことである。ここの町内会の規則で、町内の組ごとに持ち回りで月一度の清掃を行な

ロケット公園。６月と12月の年２回、みんなも掃除を手伝う。

うのだが、「がんばれクラブ」も町内の一員として、担当月が決まっているのだ。

この公園は、子どもたちにとっては、「がんばれクラブ」の運動場ともいうべき場所で、雨の日でもない限り、子どもたちは必ず遊びに行く。

みんなで賑やかに遊んでいると、時々、散歩がてら様子を見に来る近所のおばさんがいる。そして、木に登っている子を見上げて、大きな声で言うのだ。

「また、あんたか！　そんなとこ登ったら危ないやろ！　ホンマに学童の子は……」

すると、今まで黙って見守っていたドド先生が駆け寄ってきて、怒り口調で言う。

「危ないから木には登ったらあかん。早よ、下りておいで」

そして、ドド先生はしばらくそのおばさんの小言を聞くことになる。

低学年の子が、木から下りてきた高学年の子にこっそりたずねる。

「何で、ドド先生、今まで何も言わんかったのに、急に怒り出したん?」

「それはな、あのおばちゃんが怒ってるからや。ドド先生が怒って降りろて言わんかったら、おばちゃん、余計に心配するやろ。そやからオレ、降りてやったんや。見ててみ。おばちゃんがあっちへ行ったら、ドド先生、また知らん顔するで」

大人の胸の内を見抜いて、そんな高度な解釈があのやんちゃ坊主によく出来るものだと、ドド先生は感心させられてしまう。

清掃の日は、そんな愛着のある場所を、自分たちの手で心を込めてきれいにする日であり、遊びの途中でなくしてしまっていた、いくつかのゴムまりを探し出す日でもある。

高学年の子を中心に二〜三日かけて行ない、清掃のあと、町内会から一人一本ずつねぎらいの缶ジュースが渡される。しかし、子どもたちは缶ジュースの代わりにその代金分のお金をもらうことにしている。

毎日のおやつのほとんどは、生協などでまとめ買いしたお菓子や果物を出すか、手作りおやつだが、週に一度、木曜日だけは子どもたち自身で買いに出かける。おやつ代の予算は一人七十円。それを一人ずつ手に握って、近所のお菓子屋さんへ行く。

高架沿いの道を駅に向かい、駅を越えてすこし先に、高架をそれてゆるく右にカーブしている道がある。その先に数軒の小売店が並んでいて、その中にお目当ての店はある。赤白二色に塗られたテントが軒からせり出して、そこには「ＢＲＥＡＤ ＆ ＣＡＫＥ」の文字。間口二間ほどの小さな店で、店先に真っ赤なコカコーラの自動販売機が立っている。

このお菓子屋は、小学校の教員をしていた子ども好きの夫婦が、退職後に営んでいる店だ。放課後になると、学童保育に通う子も、通わない子もお菓子を買いにやって来る。お店のおばちゃんは、子どもたち一人ひとりの名前こそ知らないが、みんなの顔はちゃんと覚えていて、いつも店先で声を掛けてくれる。

子どもたちは、お菓子の値段を計算しながら自分で選ぶ楽しみもさることながら、おばちゃんに会うのも楽しみにしている。おばちゃんは、店先で何を買おうか迷っている低学年の子や、お目当てのお菓子を見つけてはしゃいでいる子を楽しそうに見ている。

ロケット公園の清掃の日に、高学年がごほうびにもらってきたジュース代を、学童の人数で割って次の木曜日の予算に足す。すると、おやつ代が一人百円にアップする。それでこの日は、みんな小さなカップめんをプラスするのだ。

それは、スーパーによく売っているカップヌードルと同じ形で、赤い容器にかわいいキャラクターの絵がにぎやかに描いてある。低学年の子どもでも、お湯を入れたカップを片手で持てるほどの大きさで、同じように三分待って食べる。

「もう、いいかなぁ」と、中身をこぼさないように慎重に紙のふたをめくり、小さなフォークを片手に、子どもたちはなんとも満足げにする。

おやつを買いに出る日は、慣れるまでは一年生は上級生の誰かに必ず連れて行ってもらわなければならないので、一番早く「がんばれクラブ」に帰ってきても、帰りの遅い上級生を待たなければならない。でも、自分で買いに行けない間は、待つのもまた楽しみのうちかも知れない。

二学期も半ばを過ぎて、秋風が吹く頃になり、この子はそろそろ大丈夫かな、とドド先生が判断すれば、一年生どうしで買いに行ってもOK、となる。

三、四年前までは、高架沿いの並びに、パンやお菓子を売っている店があった。そこなら、「がんばれクラブ」の玄関先に出れば、様子を伺うことも出来たので、一年生でも安心して行かせることが出来た。そのお店のおばちゃんも、子どもたちによく「おまけ」をしてくれたりして良かったのだが、いつしかシャッターが半分閉まったままになってしまった。

✣コウイチの入所

もうすぐ二十周年を迎える「がんばれクラブ」のプレハブは、ところどころ補修したり付け加えたり、さすがにくたびれてきているが、床だけは、一昨年に父母たちの手で大々的に張り替えられた。

きっかけは、車椅子の一年生、コウイチが夏休みにやってくることが決まったからだった。彼は、脳性マヒのため両足の筋肉が発達せず、自分で立つことができない。

保育園時分には、送り迎えは母と祖母が何とか分担してやっていたが、コウイチが年長組になった頃から、母も祖母もだんだん職場が忙しくなり、勤務時間が長くなっていた。このままでは、入学後は放課後に小学校までコウイチを迎えに行くことが困難になるのは分かっていた。

母は入学を控えてずっとそのことで悩んでいた。校区に「がんばれクラブ」があることは、近所に子どもを通わせている父母がいて、知っていた。しかし、わが子のために人の手を煩わすことを考えると気が引けて、入所を望みながらも、決めかねていた。

それでも、指導員に話だけでもしてみたら、とすすめられて、母は「がんばれクラブ」を訪ね、ドド先生に現状を話してみたのだった。ドド先生にすれば、入所を望む子は誰でもどうぞ、という気持ちだが、それは父母会で確認しなければ勝手には決められない。

その話を出した当初、父母会ではコウイチの入所にちゅうちょする意見が強かった。それは、払う保育料は同じなのに、ドド先生がコウイチ一人にかかりっきりになって他の子に目くばりができなくなるのでは、という心配があったからである。コウイチの母も、そのことに遠慮して正式な入所は無理だろうと考えていた。

父母会の運営委員会の時に、ドド先生は自分の考えを役員たちに訴えた。

『「がんばれ」を必要としている子どもは絶対に拒みたくないんや。たとえそれが困難に思えても、とにかく受け入れることによって、そこから生まれるものが必ずあるから」

そこで、一日ゆっくり保育ができる長期休みだけならということで、コウイチは一年生入学のあと、夏・冬・春休みのみ来ることになった。夏休みを目前にして、それまでの傷んだ床ではコウイチも安心して這ったり寝転んだり出来ないだろう、というので、七月の第一日曜日が床の張り替え日に決まったというわけだ。

日頃、職場からへとへとになって子どもたちの待つ家に帰り、床に就くまで家事や育児に追われている父や母にとっては、日曜日は貴重な体力回復の日。しかし、プロに頼んで人件費を払う余裕はとてもない。そこで、腕力・体力に自信のある父母が中心となり、OBにも声をかけて総勢二十人以上が「がんばれクラブ」に集まった。

さすがに、床板を張るのはプロの技術が必要だが、それは、OBのひとりから話を聞いた職人さんが引き受けてくれた。父母たちは、古くなった床のクロスをきれいにはがす仕事と、育成室の中のものをすべて庭に出し、床の仕上がり後にまた運び込む仕事に汗を流した。男性陣は力仕事、女性陣は炊き出しや整理。それは、想像以上に重労働だった。

しかし、たとえ長期休みだけとはいえ、それを必要としている一人の子どものために、大人たちが頑張るというのも悪くない。「運動不足の身にはこたえるわぁ」「腰が痛うてたまらん！」「もう腕が上がらへん」などと文句続出の中での一日仕事だったが、こういう肉体労働で一緒に汗を流すのも、いい気分転換になるなぁと、みんなはまんざらでもなかった。

そして、日もすっかり暮れた頃、「がんばれクラブ」お決まりのビールが出てきた。それは、この日の作業に参加できなかった父母からの差し入れだった。待ってましたとばかりにみんなは、リフォームしたての床に座って、わいわい賑やかにねぎらい合ったのだった。

夏休みの間は案の定、ドド先生の手はコウイチの世話にとられ、車椅子の移動や室内での配慮に追われた。が、朝九時から夕方五時まで一緒に過ごすうちに、だんだん要領がつかめてきて、子どもたちもすっかり馴染んでいった。出かけるたびに、コウイチが誰かの手を必要とすることも、「がんばれクラブ」の玄関先に小さな車椅子が置いてあることも、いつの間にか「当たり前」の光景になっていった。

そしてコウイチは、いつも言葉少なで、一人でいることが多い子なので、気が弱いのかと思っていたら、案外シンは強そうだということが分かってきた。

どんなにまわりで子どもたちが騒いでいても、面白そうに集まっていても、ひとり机にドリルを出し、黙々と宿題をやっている。他の子が、遠慮なくそばではしゃいだり走り抜けたりしていても、コウイチは平然としたものである。

彼は腰や腕を使って器用に這うことができるので、室内では何ら不自由はないのだが、誰かが走ってきてぶつかったり踏まれたりしたら、どうしようもない。最初のうち、ドド先生は何度もひやっとさせられた。

しかし、そこが不思議だといつも思うのだが、子どもたちがどんなに遊びに熱中していても、コウイチはいまだ一度も踏まれたりぶつかられたりしたことはないのである。毎日の生活の中で、いつも床に座っていてみんなと同じように早い動作はできないコウイチのペースを、子どもたちは感覚で理解していて、しかし仕事の分担や行事などでは、コウイチにも手加減なくみんなと同じものを求めた。

コウイチに限らず、二十四人の仲間一人ひとりの差異や性格を互いに認識し合い、必要に応じて配慮し合いながら、全員にまったく同じように接する。そういうことを、子どもたちがごく自然にやっている姿を見るにつけ、それは本来、人間にちゃんと備わっている能力かもしれないと、ドド先生は思う。

コウイチが保育園児の頃は、主に出勤前に母が保育園に送り届け、お迎えには祖母が行っていたから、夕方はいつも家で祖母と過ごしていた。そんな生活の中で、コウイチは自然に相手を気づかうことを身につけたのか、夕飯の時間まで一人で静かに遊べる、手の掛からない「良い子」だった。

が、母がやっと帰ってきて、バタバタと食事、後片付け、お風呂とあわただしい夜になると、コウイチはいつも忙しい母の手をわずらわし始める。そして、なかなか寝つけない子だった。

それが、学童保育に通い慣れてくると、夜には遊び疲れて眠いのか、ぐずぐず言う間もなく早く床に就くようになった。ところが、学校が始まって学童保育へ行かなくなると、またなかなか寝つけない日々が始まる。

長期休みが終わった後に、ドド先生は「コウイチ、どうしてますか?」と電話を入れていたので、そんな様子も母から聞いて知っていた。

やがて、新年度というとき、ドド先生は思い切って父母会で、コウイチの正式な入所を打診してみたが、父母たちの考えは変わらなかった。しかしドド先生は、今では仲間としてすっかりコウイチの存在を受け入れている子どもたちのことや、個性が素直に表に出てきたコウイチの様子、母や祖母の負担の重さなどを考えると、このまま正式に入所してしまったほうがいいのではないかと感じ始めていた。そして、ドド先生自身、コウイチへの愛着が湧いてきて、「がんばれクラブ」の子どもたちと一緒に、彼の成長も見届けたいと思い始めていた。

そこで、まず父母会長のマカべさんをつかまえて話をした。

「今はまだ、コウイチは自分のことにしか目が向かないからいいけど、これから三年生、四年生と思春期の入り口にさしかかって自我が出てきたときに、自分と他者の違いをいやでも認識するようになる。自分は障害を持っていて、他の子とは異なるということを意識したら、孤独感も感じるようになる。その時に、コウイチ自身が、おれには『真の友』がいると思えるかどうかが大事になるんや。『がんばれ』には、真の友を作る土壌がある。だから、長期休みだけと違って、ずっと『がんばれ』に入れてやりたいんや」

マカべさんは、四人の子どもを「がんばれクラブ」に通わせながらいろんな体験をし、子どもにとっても父母にとっても、仲間というものは本当に大切なものだということを実感している。子どもたちだけでなく、自分も親として、「がんばれクラブ」に一から育ててもらったのだと語り、学童保育の場を大切に思っている人である。ドド先生の話に「そうかも知れんな」と耳を傾けながら、特に「真の友」という言葉にじ〜んときていた。

さっそく次の会議で、二人で父母たちを説き伏せにかかった。

「ドド先生とマカベさんにかかったら、何でもかんでも夢や理想の方向に走ってしもて、かなんわぁ」

「そんなことばっかりやってたら、『がんばれクラブ』、もたへんで」

また、夢見る癖が始まったとばかり、ぶうぶう文句が飛び交う。でも、二人が一生懸命話している意味を、常日頃、わが子を通して充分すぎるほど分かっている父母たちには、それ以上反対する理由もない。


晴れてコウイチは、二年生からの正式入所が決まった。小学校へは、ドド先生とアルバイト指導員のウエノ君が交代で迎えに行っている。帰りは祖母が「がんばれクラブ」に迎えに来る。

確かに、外出や行事などには主にドド先生が車椅子につきっきり状態となり、体力的にかなりきつい。でも、そのことを、ハイキングやら電車での遠出のように特にきつい行事の日には、コウイチに言ってしまうことにしている。

夏のキャンプでは、コウイチもみんなと水に入った。

「あんたと一緒におったら、私は腰が痛となるワ」と。

〈私は何ちゅう指導員やと、他所の指導員からは呆れられそうやな〉と心の中では苦笑いするが、しかしコウイチも、「がんばれクラブ」の一員としてどんな行事でも自分が参加するのは当たり前だと思っているので、ドド先生の言葉を聞いてもけろっとしていて、「そんなん、知らんわ〜」と、笑っている。

〈「がんばれ」の他の子がやっていることは、自分にも当然出来ると思う子やから、今度の冬休みの登山も行くて言うやろなぁ〉

「がんばれクラブ」の年間計画に、三学期の目標は、「楽しいこと、面白いことといっぱいできる集団」「自分たちで考え、行動できる集団」「寒さをものともせず　あそびまくろう」などが挙げられている。その具体的な計画として、冬の山登りをしようという話が進んでいる。

「でも、せっかく冬に行くんやから、いかにも雪山登山、て感じで寒くて雪が見られる所がええなぁ」

「それやったら、高学年だけに限定するか？」

と、世話役のクメさんがたずねる。

クメさんは、「がんばれクラブ」の開所運動の当時から関わってきている父母で、一番下の子どもが卒業してからもう十年以上になる。子どもが「がんばれクラブ」を卒業して「ＯＢ」になると、同時にその父母もＯＢと呼ばれる。行事や取り組みの際には、都合のつくＯＢの子や父母が自主的に、それぞれの得意分野で手伝ってくれることは、「がんばれクラブ」では珍しくなかった。

ＯＢが頑張って築いてきたものを、連綿と引き継いできて、今の「がんばれクラブ」がある。そんなつながりを大事にしたいと思い、ドド先生は現役、ＯＢを問わずいろんな人に保育に関わってもらうようにしている。

日常の中でＯＢのおにいさん、おねえさんや、おっちゃん、おばちゃんたちがやって来ては、ドド先生と話したり、用事をしたりして帰っていくのを見慣れているので、現役の子どもたちも、「がんばれクラブ」に自分の知らないお客さんが来ても、一向に気にしない。

登山の行事の時には、「まだまだ、足には自信あるで！」と、クメさんが世話役を買って出てくれるのだ。

「全員参加にしたら、絶対にコウイチは行くて言うやろな。そしたら車椅子の担ぎ手が、何人か必要やな」

「高学年だけにするか全員にするか、まぁ参加できるメンバーを見てから決めることにしよう」

と、ドド先生は返事した。

誰か、山登りが得意で力のある父母、探しとくわ、とクメさんは言いながら玄関の側に置いてあるコシヒカリの十キログラム袋を肩に担いだ。

「嫁はんには、もっと安い米が店で売ってるのにわざわざ高い米買うてって怒られてるけど、ちょっとでも『がんばれ』の運営資金の足しになるからな」

そして、「ほな、さいなら」と言いながら出て行った。

子どもたちのロッカーの上にしつらえられた棚に並んだシャンプーや、クメさんが買って帰ったコシヒカリは、「がんばれクラブ」の運営資金調達のために販売しているものだ。


「がんばれクラブ」の年間行事のひとつ、二月のマラソン大会は、高校時代は陸上部で活躍し、今も走るのが好きなドド先生のリードで、恒例になっている。このときは、父母たちも参加して、一緒に走る人、応援する人、それぞれに盛り上がるのだった。

三年生になって、コウイチはマラソン大会に自分も出場しようと決めた。

マラソンに出たいと思う子は、夏が終わる頃から、公園や遊歩道を走り込んだり、見学や行事などで出かける時は、少々距離があっても徒歩で通したりと、日常的にこつこつ体力作りを意識し始める。

コウイチも、ドド先生やウエノ先生に協力してもらって、走れるようになるための練習に励み始めた。何メートルでもいいから、自分で走るのだと頑張っている。

すると、つい半年ほど前までは這って移動していただけだったのが、何と自力で、ひざで立てるようにまでなったのだ。両脇をしっかり支えてもらったら、足の裏を地面につけて、ひざを曲げずに立つことも出来るようになった。

これまで、毎日の宿題は、机に教科書とノートを広げ、上半身を机に乗り出してひじで支えながら書いていたのだが、今ではひざで立って、ノートを見下ろして書いている。仲間と一緒に、自分もマラソン大会に出たいという一念が、不可能と言われた足の筋肉の発達を促したのだろうか。医学的には、この発達は説明がつかないと、主治医が首をひねったという。

ドド先生にとっては、われらが「がんばれ」の子、誇らしいのである。

✣トモキのメモ

「もうすぐお帰りの時間やで。急いでや」

ドド先生が、書類を整理しながら、おやつを食べている子どもたちに声をかける。

今日はみんな帰りが遅かったのに加え、木曜日でおやつを買いに行く日だったので、時計はすでに五時を回っていた。時間は、あと三十分もない。

ドド先生は、それでもおやつを楽しく食べている間は、子どもをなるべく急かせたくなくて、子どもたちのおしゃべりに返事しつつも、あえてお帰りのしたくを促す。

「約束守れへんのやったら、あんたなんか学童から追放や」

「そんなに怒ってばっかりいるんやったら、ドドこそ追放じゃぁ～」

「そんなこと、あんたにだけは言われたくないワ」

そう軽口をたたきあいながら、食べ終わった子に声をかける。

「ほら、ゴミを一人五つ拾って、急いでお帰りの用意しなあかんで」

子どもたちは、食べ終えたお菓子の袋やゴミを、テーブルの端に置かれた大きなプラスチックのゴミ箱の中に捨てていく。

毎日の生活の中で、遊びやおやつを充実させることと並んで、当番による掃除や片づけ、終わりの会などの取り決めがあり、のびのび過ごす中にもけじめを大事にしてきた。しかしこの日は、ドド先生はゴミを五つ拾うことを課して（実のところ、知らん顔してひとつも拾っていない子もいる）、帰れる子どもから帰って行くことにした。

しかし、あと五分しかないという頃になって、のんびりと水槽の熱帯魚にエサをやり出す子、まだゆっくりお菓子をかじっている子。袋にしまってあったゴムまりを、わざわざ出してきてふざける子もいて、ドド先生は呆れ顔だ。

「何で今から盛り上がるンや、あんたら。みんなゴミを五つ拾って帰る用意やで〜!」

ところが時計の針が五時半を少し回ったとたん、さっきまで帰り間際とは思えないほどはしゃいでいた子どもたちは、あれよあれよという間に手際よく荷物をまとめてランドセルを背負い、口々に「バイバ〜イ」と言いながら、育成室を出て行った。そして、気が付くと、さぁっと波が引くように、誰もいなくなっていた。

ドド先生とて、最初からこんなに伸びやかな保育をしていたわけではない。これまで長い間ずっと、きちんと日課を決めてきた。しかし、今は何より「時間」がない。

週休二日制導入による子どもたちの放課後の短縮はいちじるしい。

姫島小学校の場合は、通学は制服なので、子どもたちは「がんばれクラブ」に帰ってくるとまず、私服に着替える。しかし、五・六年生ともなると、ほかの子どもも大勢いる狭い育成室の中で着替えをしろと言うのはかわいそうなので、いったん自宅で着替えてくることになっている。高学年はこれまでにも増して下校するのが遅くなった上に、いったん帰宅してからとなると、どうしても「がんばれクラブ」で過ごせる時間が残り少なくなっていく。

そこで、ドド先生は高学年は自転車で来てもいいことにした。毎日、最大七台の自転車が、指導員の自転車、コウイチの車椅子と一緒に「がんばれクラブ」の玄関先に並ぶことになった。小さな子どもたちにとっては、その自転車は「おにいさん」「おねえさん」の象徴である。

どの学童保育も、これまでの日課や取り組みの中から取捨選択を強いられているのが現実である。土曜休みの隔週実施が始まった頃から、徐々に放課後のあわただしさは加速されてきた。そんな中で、これまで通り、日課を決めて毎日の生活に組み込むことは無理になっている。それでも日課をこなそうとすれば、そのこと自体に追われて、それが目的化してしまう。

毎日、子どもたちを追い立てなければならなくなるなんて、それでは、子どもも指導員も苦しいだけである。学童保育も、子どもにとっては生活の延長線上である以上、できる限り融通のきく時間の過ごし方を心がけたいと思うのだ。

このまま家に帰ってしまうのが名残り惜しいのか、玄関先で帰ったはずの子どもたちの声がしていた。その日はウエノ先生の代わりに入っていた、代替指導員のモリタさんが育成室をぐるっと見回っていて、あっと声をあげた。

「上着忘れてるワ、トモキ」

ドド先生は落ち着いた声で、

「あぁ、あの子、上着持って帰るのイヤやから、わざと置いて帰ってるんやろ」

「鍵盤ハーモニカも忘れ物やない?」

一人一マスずつ割り当てられた、木組みのロッカーのトモキのところを見ると、藍色のコートが丸め込み切れずにはみ出している。その下に鍵盤ハーモニカが隠れていた。

ドド先生は、すぐに玄関の横の窓をガラッと開けて、

「明日、トモキの時間割、音楽ある?」と聞いた。

「な〜い」「知ら〜ん」と二年生の女の子たちののんきな返事。

「あんたら適当に返事してるやろ」

「うん、そう〜」

ふわふわと楽しそうな声をたてながら、子どもたちはぞろぞろ帰ってしまった。

モリタさんが、「私が帰りに届けるワ」というので、母の職場に電話をかける。事情を話して明日、音楽ある?とたずねたドド先生の顔が、受話器の向こうの母の返事ににやり

とする。そして、トモキの家の近くで一番目印になる店の前で受け渡しをすることにし、もうすぐ職場を出る母に、その店まで来てもらうよう頼んだ。

「モリタさん、家と方向違うし、遠いのに悪いなぁ」

「かまへんよ、自転車やもん」と、一足先に出たモリタさんは、約束の店を目指して自転車を走らせていった。

トモキは、軽度の学習機能障害を持つ二年生だ。授業中も、じっと座っていられない。いつも明るく、お茶目な性格で、「がんばれクラブ」にかかってきた電話を取るのが大好きだ。

いつだったかも、ドド先生が外出中に、大阪学童保育連絡協議会（学保連）副会長の前田さんから電話がかかってきた。それを、トモキが張り切って取ったのだった。

日頃から、それぞれの学童保育の様子を指導員から聞いて把握している前田さんは、電話を取ったのがトモキだと察し、かみくだくように話しながら伝言を頼んだ。

何やら真剣な受け答えの後、電話を切ったトモキは、一心不乱にメモを書き始めた。

「おい、トモキが必死で何か書いてるぞ」

まわりの子も、いつになく集中してメモを書いているトモキの様子が気になり、やっと書き上げた紙をのぞき込んだ。

長い時間をかけて書かれたメモには、「まえだよしこさんから　電話がありました」とある。彼が電話の伝言をきちんと受け、しかもメモに残したことはいまだかつてなく、みんなはわぁ～っと騒ぎ出した。

しかも、それだけではない。ほかの文字はすべてひらがななのに、よりにもよって一番難しい「電話」という字が漢字で書かれていたのだ。

「おい、トモキって、こんな漢字書けたっけ?」

そして、ドド先生は戻るや否や、待ち構えていた子どもたちの興奮した声に包まれた。

「ドド先生、ニュースやで!」

「びっくりせんときや」

そう言って、荷物を置いて上着を脱ぎ、一息入れようとしているドド先生を引っ張る。早く早くとあんまりみんなが嬉しそうに騒ぐので、トモキも照れたようだった。

ドド先生は、ニヤニヤしているトモキと、我が事のように喜んで騒いでいる子どもたちに囲まれて、なんてステキな仲間たちだろうと感じ入ってしまった。そして、思わず涙がこぼれた。

「みんな、これは私の宝物や。一生大事にとっておくからな!」

子どもたちの歓声の中でそう言って、トモキのメモをジーンズのポケットに入れた。

そこまではよかったが、ドド先生は翌日うっかり、そのまま洗濯機に放り込んでしまったのだった……。

✣父母会運営と指導員の現状

代替指導員のモリタさんは、西淀川区内に現在六つある学童保育の欠員補充要員として、必要とされる日にその学童に入る。それは、西淀川区の指導員たちが、地域連絡会の活動の中で独自に作り出した制度で、毎週一回、午前中に持ち回りで開かれる会議の中で、彼女の勤務表が確認される。

地域連絡会というのは、大阪市内二十三区ごとに結成されている学童保育の組織である。

正規やアルバイトの指導員が休暇を取ったり、突然休まなければならなくなったりしたとき、行事や取り組みで手が必要になるときなどに臨時に入ってもらう。入った日数だけ各学童から手当てが支払われるが、身分的にはかなり不安定である。

毎月の学童運営の苦しさは増すばかりで、モリタさんに入ってもらう日数も節約する傾向にあり、彼女の収入がますます少なくなっているのは事実である。しかし、どの学童保育も指導員の数はぎりぎりだから、いざという時、やはり頼りになる存在には違いないのだ。そんな現状を、彼女の学童保育への温かい思いが支えている。

一九九二年十二月より、大阪市が放課後児童対策として始めた、「いきいき放課後事業（いきいき）」へ移る子どもも含め、入所児童が激減しているところが多く、最近はそれが重要課題の一つになっている。

「いきいき」とは、放課後夕方五時までの間、全児童を対象に、学校の一室と運動場を子どもたちに開放して行なわれている大阪市の事業である。見守るのは、主に校区の元小学校長や元教育関係者など時間のある年配者で、一日数時間だけのアルバイトとして来れる人たち。遊び相手は、教育や保育を学ぶボランティアの学生たちである。

子どもたちは、いったん帰宅してランドセルを家に置いてから再び学校にやって来て、その日の出席簿に名前を書いていくのだが、学童保育と異なるところは、一人ひとりは名札をつけたり自己紹介をしたりしないこと。自由参加が前提となっていて登録がされないので名簿もないこと、おやつがないことなど。利用は無料である。

一番の不安といえば、子どもたちが遊んでいる最中に、万一、けがをしたり体調が悪くなったりしても、その場には、その子が誰で、どこに連絡すべきかということを把握している大人がいない、ということである。

一九九八年に、悲願だった学童保育の法制化が実現して以来、自治体による放課後児童育成事業のあり方が模索される中で、ごく少数派ではあるが大阪市の「いきいき」方式を視察して、あとを追っているところもある。


大阪市内にある学童保育は、共同学童保育といって、その運営を父母会が担っている。つまり、公的な制度として運営されているのではなく、あくまでも自主活動として位置づけられている。多少の補助金は行政から受けているものの、その運営費は、子どもを預けている父母たちから毎月、取り決められた金額の保育料や実費を徴収することでほとんどすべてをまかなっている。

個々の学童保育の保育方針や取り組み等、決定機関は父母会であり、父母会と指導員は雇用関係にある。現在の「がんばれクラブ」でいうと、父母会メンバーは二十一名。その中から役員として運営委員が六名選出される。会長、副会長（二名）、会計（二名）、そしてバザーなどの資金調達に取り組む事業部である。

他の区と同様、西淀川区でも存続が危ぶまれている学童保育への対処は、重要な議題である。

学童保育の必要性、社会的意義をもっと理解して欲しい、そのためにはＰＲ活動を続けていく必要がある。しかし、一人、また一人と子どもの数が減って、学童の中が淋しくなっていく現実の中では、前途はきびしい。今まで元気に来ていた子が、事情でやめていなくなると、指導員は喪失感や無力感に襲われる。

入所児童数が減少するということは、ただちに運営予算が減るということでもある。

大阪の指導員はみな、ただ放課後の子どもの安全を見守るだけでいいとは考えていない。「指導員の専門性向上」を常に課題として掲げ、実践報告を発表しあい、それを定期的に冊子にまとめて各学童保育で読んだり、研究者や専門家を招いて学習会を重ねたり、その他より良い子どもたちの「放課後」を追求して、継続的な取り組みを行なっている。

一人ひとりの子どもが置かれている環境に目くばりして、のびのびと過ごす時間を保障してやりたい、それぞれの年齢に必要なことを、必要な時に体験させたい。誰もがそんな思いで頑張っている。しかし、心が萎《な》えてくるとそんなエネルギーさえ失いがちになってしまう。

日々がしんどくなって、ますます展望を見失っていくという悪循環に陥っている指導員に対して、ドド先生ができることと言えば、どんなに忙しくても、時間を取って聞き役になり、その苦しみに付き合っていくことだ――。そう思っている。

✣姫島のまち、淀川流れるまち

「がんばれクラブの生活」を見ると、「ちょっとしたイベント」の欄に、「矢倉海岸ウォッチング」や「矢倉海岸での凧あげ」、「高学年淀川サイクリング」など、川に出かける行事が目につく。

「がんばれクラブ」から高架沿いに西へ五分ほど歩くと、道と直角に交差している全長三・八キロメートルの緑陰道路に出る。そこは、散歩に、植物や昆虫の観察に、また二月のマラソン大会の会場にとしょっちゅう出かけていて、子どもたちのお気に入りの場所である。

矢倉海岸。自然石の水辺が小さな生き物たちのすみかになる。

緑陰道路は、右手方向へは北隣に位置する淀川区の手前まで伸びていて、左手方向へ行くと、東へ蛇行しながら淀川の河口三キロメートルほど手前の堤防に出る。

その堤防をさらに河口まで進むと、淀川の西を流れる神崎川の河口との間に出来た三角州を整備した、大阪湾を臨む二・四ヘクタールの公園に出る。その先端が矢倉海岸だ。

公園は、その広大な敷地内に潮だまりや干潟、自由広場などを備え、二万四千五百本もの木が植えられている。矢倉海岸は、都市の港湾によくあるコンクリート護岸ではなく、自然石で護岸が施されているので、渡り鳥が滞留し、潮だまりでは小さな魚、カニなどを見つけて楽しめる。七十年近く前に室戸台風で水没した田畑の埋め立て地だったのを、五年前から造成し、二年前に区の公園として開放された。

子どもたちがいつか社会に出て、いろんな事に出くわしながら生きていくことを考えた時に、ふと心をかすめる原風景というものが、きっと大きな支えになる。ここに生まれ育ったという帰属意識が、自分の足元を確かなものにしてくれる。

でも、この町の様子は、時代とともにどんどん変わっていって、幼い時の記憶のままの風景は、町の中にはほとんど残されていない。そんな中で一つだけ変わらないのが淀川なのだ。だから子どもたちには、淀川を〝ふるさとの風景〟として心に焼き付けて欲しい、という願いが、ドド先生にはある。

大阪湾をぐるっと囲む地帯は、日本列島形成期には、まだ海の底だったそうだ。やがて、河川が運ぶ土砂がゆっくりと河口に堆積し、長い年月をかけていくつもの島を作ったという、古代には「難波八十島」と呼ばれたそうだ。西淀川区でいうと、「御幣島《みてじま》」「出来島」「竹島」「大島」「姫島」などの地名は、その名残りである。

しかしそれは、この地には洪水や浸水などの水害が多かったことをも意味する。水とは切っても切れない土地なのだ。

日頃、子どもたちには、ロケット公園で遊ぶ以外はたいてい狭い育成室で我慢させているので、時にはゆったりとした風景に浸らせてやりたい。それには、淀川べりの散歩はもってこいだった。

高架沿いの道をまっすぐ東へ歩けば、堤防に出る。鉄の小さな階段を登って、河川敷へ下りるのだが、その前に堤防の上の道路を横切らなければならない。道路は、淀川沿いに大阪市の都心に近い場所から、途中、阪神間の大動脈のひとつである国道四三号と交差して大阪湾に出るので、大きなトラックやダンプカーも来るし、交通量も少なくない。渡ろうと思っても、車が途絶えるまでしばらく待たされる。しかも、車のスピードは結構速い。小学校では、子どもだけでここへ来ることは禁じられていた。

ようやく道路を渡ってコンクリートのスロープを下りると、そこは広いグラウンドになっていて、地域のスポーツクラブの納屋が設置されている。幅一キロメートル近くもある川の上を風が吹いていき、茂った雑草がなびいている。とうとうと流れる水、さえぎるものなく広がる青空。岸辺では、水草がゆらゆらと揺れていて、そこでは魚やザリガニなどが捕れる。大阪湾に潮が満ちれば、海水に押されて川の水が逆流する様も見られる。

この場所でひとつ、ドド先生は教えられたことがある。

ふだんは勉強もスポーツも苦手でおとなしい子が、淀川に来るとみんなから「ザリガニ名人」と呼ばれて、リーダーに変身するのだ。彼は熱心に、ザリガニの捕り方や捕れるポイントをみんなに教えているのだった。

みんながザリガニ捕りに集中し始めると、その子もがぜん張り切り出して、もっとたくさん捕れる場所へ、川上へ川上へとどんどん歩いて行くものだから、みんなもぞろぞろとついて行ってしまい、いつの間にか子どもたちが米粒くらいの大きさに見えるくらい、遠くに離れていた。気が付いたドド先生は、車椅子のコウイチを高学年の子どもに頼んで、慌てて呼び戻しに走った、ということもあった。

その時、ドド先生は思ったのだ。あまり目立たない子でも、時と場合によってはリーダーになり得るのだ、と。いつも引っ込みがちで、自信のなさそうな子こそ、得意分野ではすごい集中力で取り組む力を持っている。すると、黙っていても、瞳を輝かせて目いっぱい楽しんでいるその子を見て、自然に他の子がついていくのだ。

どんなに小さなことでもいいから、どの子にも活躍の場、ほめられる場を確保してやりたい。誰もが脚光を浴びるチャンスを得られる手助けをしよう、と思っている。

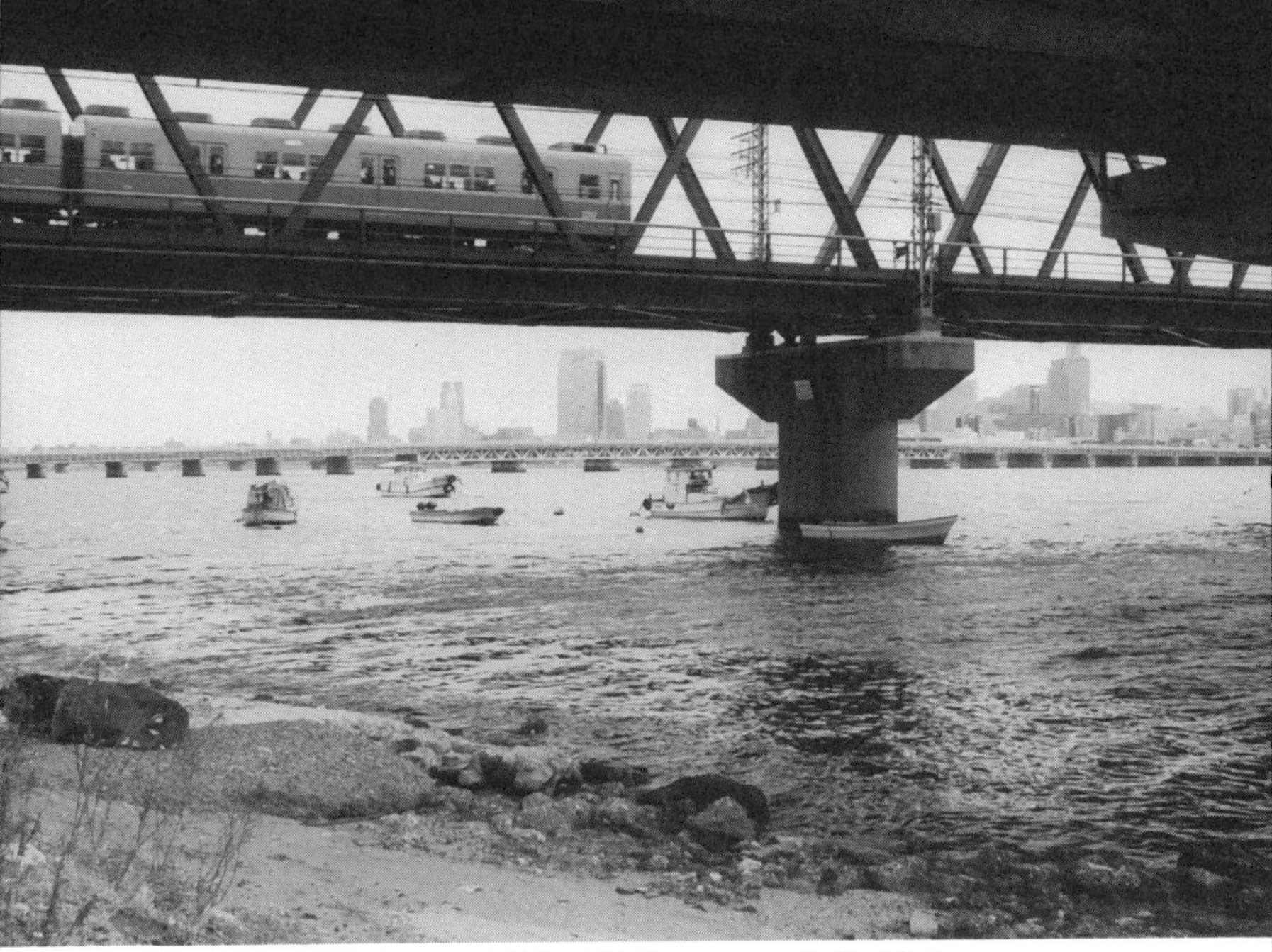

姫島で見る淀川。川幅約１キロ。漁船が走る。

同じ淀川でも、流域によっては川の様子も幅も変化する。

時に、大阪府全体の学童保育合同行事などで、他市へも出かけることがあるが、ちょうど大阪市の北側の町、吹田市まで行った時は、まず阪神電車で姫島駅から淀川を西から東へ一回渡って、大阪市の中心部、梅田駅に出る。それから地下鉄御堂筋線（梅田より北は地上を走る）に乗り換えて吹田へ向かう途中、今度は東から西へ淀川の上流を渡る。

姫島の町を流れる淀川は川幅が一キロメートル近くあり、まわりに大小の工場群がひしめき漁船の走る川である。しかし、地下鉄から見る淀川は、市街地のビル群のど真ん中を、いくつもの鉄橋や道路にまたがれて流れる幅二百メートルほどの川である。

電車のドアの前に立っている子どもたちは、一緒に窓の景色を見ていたドド先生から、「これも淀川やで」と聞いても、これがふだん見慣れている川と同じとは、信じられない様子である。

「同じ川でも、場所によって見た目は全然違う川みたいやろ。この川をどんどんさかのぼっていったら、京都を越えて琵琶湖にたどり着くんやで」

窓の外を眺めていた子どもたちの瞳が、まるくなって一斉にドド先生を見つめる。

「え～っ！　琵琶湖って、滋賀県のか？」

子どもたちは、びっくりである。そう聞いても、すぐには想像が出来ないらしい。

「でも、覚えとき。この川も姫島の川も同じ淀川で、水の流れは琵琶湖からつながっているってこと」

ドド先生は、そんなふうに生活風景の延長線上に、未知の世界とのつながりを想像することは、ひとつのロマンだと思っている。

そして、新しいこと、知らないことを見聞きしたときは、素直に好奇心を働かせられるような人間になって欲しい、と願う。理解できないことに出くわしたら、なぜそうなのか、考えよう。壁に突き当たったら、目をそらさずに乗り越えよう。ドド先生の口癖の通り、「より自分らしく、今を輝いて生きていく」ために。

✣緑陰道路

大阪市は、大阪湾を囲むように位置する。北から流れてきた淀川は、大阪市内に入る手前で、西方向へ神崎川という支流を作る。神崎川は、一九七〇年に大阪万国博覧会が催された吹田市を西に、大阪市を東に、両市の境を蛇行しながら西南方向に流れ、兵庫県の山地から流れてくる川と合流したり枝分かれしたりしながら、最後に淀川の西で大阪湾に流れ込む。

このあたりは、かつては湿地帯で、埋め立てを繰り返しながら開発されてきた場所だ。第二次世界大戦後、日本経済を牽引する重工業地帯として、列島の大動脈として陸に海に発展してきた。

神崎川と淀川の間に、大野川という神崎川の支流があった。さらにその北側の、十七世紀に開削された中島大水道と合流し、大野川は地域の水利に多大な恩恵を与えてきた。

しかし、高度経済成長期を経て水運利用は必要がなくなり、地下水汲みあげによる地盤沈下や水質汚濁による悪臭のひどさが看過できなくなっていく。当時の地域住民は、この川を「ドブ川」と呼んで嫌っていた。川だけでなく、工場からのばい煙、国道や高速道路からまき散らされる排気ガスなどで、一帯は経済成長の大きなツケを抱え込まされた。

そんな中で、この川を埋め立てて公園にしよう、という提案が生まれた。危機感をつのらせた人たちが公害訴訟に取り組み続ける中で、地域全体の環境改善に対する関心が高まり、住民たちは住み良い環境を求める声をあげ始める。その声がますます強くなっていく中で、行政は大野川の改善事業を行なった。それが、緑陰道路である。

一九七一年から九年間かけて整備され、高木、低木合わせて百種類もの木々がおおう公園に生まれかわった。木々は虫や鳥を招き、人びとに憩いを与える。身近に自然を楽しめる場所として、またサイクリングや散策の出来る場所として、町の人たちにこよなく愛されている。

かつて、川が流れていた姿をそのまま残し、川底に土を盛って整備したので、川へ降りるコンクリートの階段や、土手の石組み、散策しながら見上げる橋の様子などはまったく、

緑陰道路。かつての「ドブ川」が美しい公園に生まれ変わった。

よくある市街地の川そのものである。違うのは、自分が歩いているのは、河川敷の草の上でも水の中でもなく、鳥がさえずり、葉ずれの音が心地よく聞こえてくる静かな公園であるということ。

初老の女性が階段を降りてきて足を止め、銀杏の落ち葉の美しいものを選んでいる。その人は、右手で拾っては目の前にかざし、選んだ葉を左手に何枚も持っている。

夫婦で、あるいは一人ランニング姿で、あるいは親子で自転車に乗って、それぞれ走ったり歩いたり、案外多くの町の人たちがここを訪れる。

散策路を歩きながら見上げると、頭上には国道などの幹線道路や高速道路、電車の鉄橋が、数百メートルおきにまたいでいる。しかし、それらの喧騒は、遠くに響く程度にしか聞こえない。それより、鳥がさえずる声や、人が通り過ぎていくときに一瞬かすめるおしゃべりの声が、心地よく耳にはいってくる。

橋脚のたもとに、木切れを集めて来て作ったような掘っ立て小屋があり、その中に材質もデザインもまちまちの机や椅子が収納されている。午後の柔らかな日差しの中で、年配の男性たちが十人ほども集まり、それらを並べて静かに将棋に興じている姿があった。聞けば、それは毎日の光景で、時には散策の足を止めて、駒の運びに見入っている人もいて、なんとものんびりとした風情である。

冬は陽だまりで暖かく、夏は夏で日差しを避ければ、橋の下をくぐっていく風がとても心地よいのだそうだ。

背の高い木が何本もそびえている足元に、この近所に住む誰かのものだろう、小学校でかつて使っていたような木製の四角い机と椅子がぽつんとおいてある。そこに三人の小学生の男の子がたむろしていた。日は徐々に傾き、頭上ではひよどりたちが甲高い声で呼び合っている。一面を染める黄色い光の中で、三人は木の幹をなでてみたり、葉っぱを拾ったりしながら言葉を交わしているのだった。

「今、何時くらいかなぁ」

「う〜ん、四時五十分くらいかな」

「いや、五時十五分くらい」

そろそろ帰る時間なのだろうが、そこを動く様子でもない。ひときわ風が冷たくなってきたが、人も自転車も途絶えることはない。

✣淀川をさかのぼったサイクリング

ドド先生は指導員になる前から、ぼんやりとながら、ずっと考えていたことがある。それは、淀川を自転車でさかのぼって、琵琶湖までサイクリングしてみたい、ということだった。

大阪を流れる淀川は、大阪と京都の境あたりで三つの川が合流して生まれる。京都盆地の西、嵐山から来る桂川と東から来る鴨川が合流した「桂川」と、滋賀県の琵琶湖南端から流れ出る瀬田川が山を越えて京都の宇治へ出てくる「宇治川」、そしてさらにその南部の山並みをくぐって流れてくる「木津川」の三つの川が合流して淀川になるのである。

地図上では、川の流れに沿っていけば、確実に琵琶湖にたどり着く。しかし、三つの府県をまたぐのだから、距離は相当なものだ。それなりの周到な準備とタイミングが必要だったので、実行する機会もないまま、ドド先生の夢として胸に抱いてきたのだった。

それが、この夏休みにいよいよかなうことになった。

「がんばれクラブ」で夏休みの高学年行事を話し合っていたときに、ドド先生が何気なく口にした琵琶湖サイクリングの夢に反応して、高学年たちはすっかりその気になって盛り上がってしまったのだ。

この年の高学年は、みんなそろいもそろって「体育会系」のタイプだった。おそらく、自分たち自身も体力を賭けてチャレンジしてみたくてたまらなくなったのだろう。

五年生が男の子四人、六年生が女の子一人に男の子二人。六年生のユウスケ、通称ユッチがリーダーになった。彼は、高齢者施設や保育園などに出かけて半日を過ごす交流会で、六年生たちで司会をする時、決まって「ロパク」状態で声が出なくなってしまう。しっかり者のユッチがカチカチになっているものだから、他の子どもにも、さらにはドド先生にもそれが伝染して、みんなで緊張してしまうのだった。

でもやっぱり、みんなにとっては心意気のある、頼もしい〝兄貴〟だった。

六年生の夏休みは、彼らにとって小学校最後の夏休みであると同時に「がんばれクラブ」最後の夏休みでもある。毎年、高学年はいつもよりうんと足を伸ばしてサイクリングやハイキングに出かけるが、行き先は高学年たちとドド先生が話し合って決め、父母たちに集まってもらって説明会を開く。

「がんばれクラブの生活」の夏休みの指導目標欄には、「高学年の行事を成功させよう」とだけ書かれている。それがまさか、こんな計画になろうとは。しかも、この年の夏はひどい暑さで、ある小学生がグラウンドでクラブの練習中に倒れ、熱中症で亡くなるという事故も起きていた。

それを知った高学年の父母たちに、一抹の不安が走った。しかし、ドド先生には自信があった。この日のために、子どもたちは「筋トレ」と称して、走り込みや自転車での遠出など、長距離サイクリングを意識して取り組んできたのだ。

とはいえ、琵琶湖までのサイクリングは、例年になく遠出である。父母とよく相談した上で、参加するかしないかは各自の自由としたが、七人全員が参加を決めた。

夏の高学年行事で思い出すのは、十年以上も前のハイキングである。伊丹空港へ行って飛行機が見たい、というので、十五、六キロメートルを歩き通した。お天気に恵まれたのはいいが、だんだん口数も減っていく。途中二ヵ所に休憩地点を決めていたが、二ヵ所目の公園に着くや、みんなベンチにへたり込み、「ドド先生、まだぁ」と、弱音を連発。

出発前に、伊丹空港までの距離は、いつもみんなで走っている緑陰道路のちょうど二往復分と聞いて「楽勝や!」と余裕たっぷりだったが、道中は照りつける市街地のアスファルトばかりで、喉はすぐに渇くし、さすがのワンパクたちもバテた様子だった。

ようやく空港が見えてきた直線道路では、もう必死の形相。滑走路の飛行機を見て初めて、子どもたちの顔に笑みが戻ったのだった。

また、大阪城に新一年生を連れての春のお花見の時も、高学年は自転車で行った。淀川を渡って都心に出、そこから堂島川沿いに東へ進んでいけば、大阪城の天守閣がすぐに見えてくるが、姫島からは七キロメートルほどだろうか。

重要文化財に指定されている公会堂や、コンサートホール、青空を壁一面に映すガラス張りのビル、美しいデザインが施された橋や遊歩道、並木道……。風格を備えた瀟洒《しょうしゃ》な町並みを走り抜けていく。

その時の高学年たちが自転車で行こうと決めた理由は、ドド先生の一言に触発されたからだった。

「大阪城なんて、私のランニングコースやで。近い、近い」

みんながやりたいと思ったら、自分たちで計画してやり抜く。行き先によっては行事予算をオーバーすることもあるが、それでも行きたければ、足りない分をバザーで稼ぐ。そんなふうにして、鍛えられてきた「がんばれクラブ」の仲間たちである。

さて、当日のルートや持ち物、決まりごとなどを徹底させていくうち、決行の八月二十九日を迎えた。あいにくその日は、朝から雨だった。参加者以外は誰もがサイクリングは中止だと思った。しかし、集合した子どもたちはOBでサイクリングが好きなタカシを先導役に、最後尾をドド先生に守られながら、予定時間に出発したのだった。

雨の中を黙々と自転車をこぐ子どもたち。たちまち汗が滝のように流れ落ちてくる。みんな、カッパも帽子も脱いで、頭から湯気を出しながら懸命にペダルをこいだ。

ルートはただシンプルに、ひたすら川をたどっていく。淀川から、大阪と京都の境の三つの川の合流地点を経て宇治川をさかのぼり、京都と滋賀の境に横たわる山を越えて、琵琵琶湖唯一の湖水の吐き出し口、瀬田川に出る。そこまで来たらもうあとひと頑張りで、琵琶湖の最南端である。

そこまでの距離ざっと百キロメートル。しかも地形は大阪から京都、滋賀へとどんどん登り坂である。途中、何度か休もうと休憩ポイントも予定していたのだが、子どもたちはリーダーのユッチを中心に、小休止程度に止まるくらいで、いっこうに休もうとしない。万一、足並みがそろわなかったらどう対処するか、ということも、ドド先生とタカシは綿密に打ち合わせしていたが、ユッチが一生懸命こぐものだから、そのスピードにタカシもつられ、一行のスピードはぐんぐん上がっていく。

そんな子どもたちの後ろを走りながら、みんなの首筋を玉のように流れる汗に、ドド先生はしんどいことも忘れて、見とれていた。少年期の一途な思い、流れる汗、ひたむきな表情。こんなに美しい姿を見ることができるなんて、学童保育の指導員というのは本当に幸せな仕事だ、と。

朝八時に出発し、ちょうど三つの川の合流地点にさしかかった頃に昼食の時間となった。ファミリーレストランで、と考えていたが、誰かが遠くにマクドナルドの看板を見つけ、ハンバーガーが食べたいと言い出したので、わざわざそこまで行ってお昼を食べることに決まった。

すでに、雨もあがっていた。あとは、またひたすら走るのみである。今回の下見で、二週間前にユッチと五年生のタツヤ、中学生のOB、大人三人の計六人で走ってみたが、出発から到着まで十時間半かかった。今回は、もっとかかるかなとも思ったが、やはり同じくらいの時間で琵琶湖が目の前に姿を現した。

みんな長旅の疲れも吹き飛んで、歓声を上げる。日は西に傾きつつあったが、空はまだ充分に明るかった。缶ジュースを買ってきて、乾杯をする。ホンマに走り切ったんや、とみんなの顔が緩んでいる。

いやにならないうちに腰をあげ、もう一息、目の前に広がる琵琶湖を背に、南東へ八キロメートルほど戻るかっこうで、その日の宿泊施設へ向かう。山間にある「田上教育キャンプ場」である。琵琶湖にたどり着いたあと、さらにちょっとした距離を走ることになるので、みんな大丈夫かな、とドド先生は少し心配だったが、来たのと同じ勢いでキャンプ場まで一気に走れたので、ほっとした。

荷物を下ろしてまず最初に、大きなお風呂に競うように飛び込んだ。大仕事を終えて、仲間と一緒にさっぱりと汗を流す。こんなに気持ちの良いものはない。

子どもたちにはこの上ない体験となったけれど、今思えば、他の利用者たちには、悪いことをしたかも知れない。なぜなら、一行は朝から雨に打たれ、一日中汗を流し、頭のてっぺんから足の先までどろどろになっていたのだから……。

翌日、帰りはあっけないほど早く帰ってきた。行きは、早く着きたい一心で休憩もろくにせずに駆け上がったという印象だが、帰りはさらに里心も手伝ってか、もったいないくらい早く駆け下りてきたという感じだった。

姫島に戻ると、低学年の父母たちはてっきり雨で中止だと思っていたのに、と驚いていた。そもそも言い出しっぺで子どもたちをその気にさせたドド先生にとっては、長年の夢がかなった喜びをかみしめる余裕もなく、背水の陣の様相でのぞんだ夏の一大イベントだったが、無事、幕を下ろしたのだった。

それから三ヵ月後の十一月のある日、こんなことがあった。

第四月曜日がちょうど学校の代休になって一日使えるので、どこかへ出かけようか、という話をしていた時だった。

ユッチが、「大泉緑地まで、子どもだけで行きたい!」と、言い出した。全員で出かけ

子どもたちだけで出かけていった大泉緑地の巨大すべり台。

るときは班単位で行動するが、その時は新しく班替えをしたばかりで、ユッチの言葉にみんなは大喜びした。

大泉緑地は、大阪府堺市にあり、これまでに何度か「がんばれクラブ」の親子で一緒に遊びに出かけている、みんなの大好きな場所である。大きな池がふたつある、広い緑地公園のいちばん奥に、幅八メートルはあろうかという大きな大きなすべり台があって、勢いよくすべって最後に砂場に突っ込むのだ。わざわざ堺市まで出かけて大泉緑地へ行く目的は、そのすべり台で遊んでくること。ただそれだけで、大満足の子どもたちだった。

「コウイチはどうするの?」

とユッチにたずねると、

「オレの班に入れて、面倒見るから」

と言う。五年生の新班長などは、道順をメモに書いて何度も確認したり、直前まで「オレらの班には、ドド先生について来て欲しい」などと不安そうに言っていたのだが、みんなは初めての「子どもだけ」の遠出という冒険に、張り切っていた。

行き方は、それほど難しくない。阪神電車で梅田まで出て地下鉄御堂筋線に乗り換え、各駅停車で十三コ目の駅、「新金岡」で降りれば、あとは歩いていける。しかし、駅の出口を間違えるととんでもない場所に出るし、緑地に着いても、入り口からお目当てのすべり台までは、延々歩かなければならない。そんな緊張感が、余計に子どもたちをわくわくさせた。

当日はあいにくの雨だったが、「がんばれクラブ」の子どもたちには関係なかった。

「大泉緑地に行ったらウエノ先生がちゃんと待ってるから、みんな頑張ってたどり着くんやで。後から私も行くからな」と、ドド先生は繰り返し言って、みんなを励ました。

子どもたちは、班ごとに電車一台分ずつ時間をずらして出発した。ウエノ先生はというと、子どもたちより一足先に出て、自分の姿が見えないように気をつけながら、先頭の班の様子を見守った。

最後の四つめの班が「がんばれクラブ」を出て行くと、ドド先生は戸締りをして、気付かれないようにすぐ後ろをついていく。電車の乗り換えも、出口を間違えずに出るのもクリアし、全員、無事すべり台まで到着した。みんなは、「子どもだけでやって来た」嬉しさに、雨の中もかまわず、思う存分、すべり台で遊んだ。

ユッチが「責任を持つ」と言ったコウイチはどうしていたかというと、公園に着くなり、「こんなん、寒いだけや」と文句を言って、みんなからそっぽを向かれたので、仕方なく自分ひとりでせっせと車椅子をこいでいた。

帰りも班ごとに電車に乗り、四つの班と指導員二人はそれぞれ別の車両に乗った。子どもたちは、全員でぞろぞろ移動するより、四～五人単位の班で動くほうが好きだった。

帰ってきたみんながずぶ濡れだったのは、言うまでもない。しかし、「雨の日のすべり台て、ごっついスピード出たなぁ～」と、大喜びの様子。そして、みんな仲良く銭湯へ直行！

またまたドド先生は、はしゃいでいる子どもたちを見送りながら、お風呂屋さんとお客さん、そして帰りの電車で乗り合わせたお客さんたちに、申しわけないなぁ、と思うのだった。

✣ある父親の詩

もう四十年ほど前に、ある父親によって書かれた詩が、いつだったかの研究集会の資料で紹介されていた。

今とは時代背景がまったく違うから、違和感を持つ部分も当然あるが、その底流にある子育て観は、ドド先生のそれと通じるものだった。

そこで、あまり自分の理想や価値観を流暢に語るのは得意でないので、その詩に自分の思いを託そうと思ったドド先生は、自分の子育て観を伝えたい人には、その詩を紹介することにしている。

四十年ほど前というと、日本列島が高度経済成長に向かって走り出したころである。当時の世相は、「所得倍増」が叫ばれ、電化製品が急速に普及して生活スタイルが一変、マイカーの普及とともに「交通戦争」と言われるほど事故が激増、大手企業による学生の「青田刈り」という言葉も生まれた。そして教育現場にも、急激な経済成長を支える「戦力」としての〝人材〟育成が求められていく。

それはやがて、「エリートコース」に乗ることを目指した学歴競争に子どもたちを追い立てていき、ついに「乱塾時代」を迎える。そして、目に見えて子どもたちの日常から仲間、空間、時間という三つの「間」が奪われていく。〝競争社会〟の幕開けだった。

そんな当時の社会情勢を念頭に読むと、時代に流されずに、人として当たり前にたくましく育って欲しいという、父親のわが子への願いが伝わってくる。

こんな　子どもに　育って　ほしい

おとなしそうで
シンの強い子

けんかは　めったにしないが
やりだしたら
血がでても　骨がおれても
やめないような子

けんかに負けてやられて家に帰って
父母の前に来たときは
「やられちゃった」
と言って涙をふくような子

海につれていったら
小山のような波を見て
泳ぎたくなって
「お父さん　お母さん　見ていてよ
あぶなくなったら助けてよ」
そう言って波に向かっていくような子

服を着せたら少々ツンツルテンでも
ダブダブでも　兄貴のお古でも

洗いざらしでも
いっこうに頓着しないような子

学校で
先生のいうこと
教えてくれることをしっかり聞いて
家に帰ったらあまり勉強しない子

テスト試験だって　うろうろしないで
それでも大学くらいは卒業してくれる子

中学から高校にかけて
なんでもいいからスポーツを身につけて
選手にしてもらって
母校のための一念から

「死んでもがんばるぞ」と
若い血を燃えたたす子

小さい子や弱いものの味方になって
そういうものがいじめられたり
踏みつけられたりすると
むしょうに腹が立って
大きいものや強いものに
突きあたってゆくような子

おじさまや　おばさまからもらった
おみやげを大事にして
お菓子のレッテルや包装紙のきれはしまで
記念にしてくれる子

ときどきの　日曜日には
遊びのコースを　裏山の墓地にとり
「おじいちゃんのお墓に花をあげてきたよ」と
言ってくれる子

ときどきは　正しい理屈を言い出したら
口をとがらして　お父さんの言い分を
負かしてくれる子

小鳥を飼ったり
金魚のえさを取りに行ったり
犬小屋に蚊が入らないように工夫したり
草花をかわいがったり
学校の教科書より他の本をたくさん持って
雨の日には　一日読みふける子

暑い日ざかりに
炎天で
一日遊びほうけて
どんなものでも喜んで
ムシャムシャ食べて
それで病気ひとつ知らない
野蛮人のようなからだで
ピチピチした
そういう子どもを　私はのぞむ

Ⅱ ドド先生が 歩いてきた道

長林キャンプ場で。子どもたちとカヌーに乗ったドド先生。

✣ドド先生が指導員になったワケ

「がんばれクラブ」より一足早く、ドド先生は指導員生活二十周年を迎えた。振り返れば、よくぞここまで辞めずに続けてこれたものだと、自分でも感心するが、くじけそうになったこと、苦しかった時期も途中で幾度となくあった。それを、ドド先生は自分で「辞めたい病」と呼んでいるのだが、そんな時の〝応急手当て〟が、走ることだった。

子どもの頃から走るのが好きで、地域の駅伝大会やマラソン大会だけでなく、公式フルマラソンにも時々参加している。持久力には自信があるので、「がんばれクラブ」でも走るのが好きな子どもたちや父母を誘って、三学期の取り組みである二月のマラソン大会や、地域の駅伝大会などで、一緒に走ってきた。

ドド先生は、三人きょうだいの長女として大阪府の西隣、兵庫県に生まれ育った。子どもの頃はどちらかというとおとなしく、自分から何かを言い出したり、リーダーになったりするタイプではなかった。しかし、一緒に遊んでいる友だちが、例えば造成中のガケの急な斜面の上から段ボールをつぶしたソリで滑り降りるとか、背の高さほどもある塀の上から飛び降りるとか、そんな冒険を始めると、自分も決して後に引かず、怪我してでもやってのけるような、妙に度胸のすわったところがあった。

高校を卒業したら家を出て自分の力を試してみようと決めていたので、吹田市にある関西大学の二部に入学するのを機に、下宿生活を始める。もともと「人を相手にする仕事」に就きたいと望んでいたが、漠然と憧れていたのは、ケースワーカーやカウンセラーだった。

たまたま、学内のアルバイト紹介コーナーで学童保育を見つけ、昼間の仕事として入ったのが、当時の姫島学童保育だった。当時、若い指導員といえば、昼間は指導員、夜間は大学の二部学生というパターンが多く、就職活動をして、卒業とともに辞めていくのが、当たり前のように考えられていた。ドド先生自身も、卒業したら別のどこかに就職するものとばかり思っていた。

ところがある日、そのまま指導員を続けて欲しいという連絡が入った。

その頃、「姫島学童」と「姫里学童」はどちらも古い集合住宅の一室で、保育を行なっていた。近隣からの苦情は日常的で、のびのびと過ごすこともできず、共に悩んでいた。

そこで、この二つの学童保育を合併して、新しい施設を建設し、再スタートしようという運動が進められていた。

その中心的役割を果たしてきたベテラン指導員が、突然倒れたという。当時、その建設運動は、正念場を迎えていた。過労のための緊急入院だと聞かされていたし、頼まれたらイヤといえない性格もあり、とりあえず軽く引き受けた。

ところがその先生は、検査の結果、肝臓にガンが見つかったのだった。すでに手遅れだったそうだ。

ドド先生は、そのことを間接的に知った。そして、会ったこともないその指導員と自分との不思議な縁を、考えずにはおれなかった。その先生の入院がきっかけで、ドド先生は学童保育の世界と強いつながりを持つことになったのだ。

肝臓ガンと聞いた時、すぐさま、祖父もそうだったと思い出したのを憶えている。祖父はかなりの過労で身体が弱って、ガンに取りつかれたのだった。その人も、学童保育の発展のために、運動を引っ張っていく立場で、相当身体を酷使してきたに違いない。

幸い、阪神電鉄の厚意を得て、今の高架下にプレハブの建物を建てられるめどがついた。志半ばで倒れたその指導員の夢は、みんなの力で実現まであと一歩というところまできている。それならば、その思いは私が引き継ごう、とドド先生は決心した。

翌一九八三年に、「がんばれクラブ」と名づける前の「姫島姫里学童保育所」が開所したのだが、その次の年に、「大阪市学童保育連絡協議会」も産声をあげた。

学童保育の歴史については本書の解説でくわしく述べられるが、第二次世界大戦が終わってまだ三年目の一九四八年、大阪市住吉区に開設された「今川学園」がその萌芽である。開設のきっかけは、小学生が隣の家からお金を盗むという、ショッキングな事件が起きたことだった。

それを契機に、保育園を卒業したとたんに地域に放り出されてしまう放課後の子どもたちの現状について、保育関係者の目が向けられ始める。やがて、「スラム対策」の一環として福祉施設の開設運動が広がるなかで、小学校教員やボランティア活動に携わる人たち、福祉施設の関係者も巻き込んだ「学童保育」開設運動へと発展していく。

学童保育運動は、その時代時代の政策にほんろうされながらも、その数を増やしていくが、ほとんどが共同学童保育であり、その最大の課題は「場所問題」だった。父母の自宅や団地の集会所を利用しているところは、そこが都合で使えない日には、子どもたちは荷物ごと転々としなければならなかったし、老朽化した住宅や福祉施設を使っているところもあった。現在でも、「場所問題」が大きなネックになっているという事情は、何ら変わりない。

ドド先生は、運動の担い手であった先輩指導員のあとを継いで、指導員を本業とすることに決めた。大学を卒業してから、仕事はどんどん面白くなっていった。それは、思い切って仕事に情熱を傾け始めたということが大きい。突っ走るとなかなかブレーキが利かなくなるのを自分自身でよく分かっているので、いつか終わりが来るものにはあえてのめり込まないようにと構える癖がある。しかし、卒業と同時に、これまでは学校へ駆けつけなければならなかった夕方以降が自由になったことと、この仕事をしばらく続けるという展望のもと、今まで以上に子どもたちや父母のことを知りたい、もっと自分という人間を知って欲しいという欲求が芽生えてきたのだった。

姫島、姫里、それぞれの学童保育に指導員は二人ずついたが、今後のきびしい運営を考えると、正規指導員は二人置くのが限度だった。子どもの数三十五人でスタートした「がんばれクラブ」は、その後、四十人規模で推移し、ピーク時には四十五人を超えたこともあった。

開所当時、「場所問題」に頭を痛める共同学童保育の建物としては、誰もがその広さや環境を羨ましがったものだが、その頃には相当手狭になっていた。

しかしやがてバブルがはじけ、景気がぐんぐん後退していく中で、保育料が払えなくなったり、工場や店舗をたたんで引っ越すなど家庭の事情で辞めていく子が増え、新入所児童の数も減って、現在は常時かよってくるのは二十五人前後といったところだ。

もう一人の指導員は何度か変わりながらも、決して安くない土地賃借料や何かにつけ発生する費用の負担にも耐えて、正規指導員二人という態勢は続いた。

しかし「がんばれクラブ」開所十年目に、ついに指導員の態勢を正規一人、アルバイト一人という現在と同じものに変えなければならなくなった。ドド先生はちょうど二人目の子どもを出産した直後でもあり、これを機に自分が辞めようと考えていた。しかし父母たちはわが子に対するドド先生の保育姿勢を強く信頼していた。子どものいいところも悪いところも全部受け止めてくれている、と。

指導員の仕事が大変なことはよくわかっているし、父母だって保育料を払うのは正直いって苦しい。けれど、子どもたちをしっかり育ててくれている「がんばれクラブ」を一緒に支えていこうと思っている。だからこそ、このままドド先生に残ってほしい……。そんな意見が次々に出された。

そうした父母の言葉を聞きながら、一度は断念しようと思ったこの仕事に対して、ドド先生の内に再び情熱が燃え上がってきた。これほど信頼してくれている父母たちと、これからも一緒に子育てをしていきたい、と強く思ったのだった。

「がんばれクラブ」が毎年一定の入所児童を迎えて、どうにかこうにか運営していける理由のひとつは、現役やOBの父母たちが地域の新一年生の父母に、〝がんばれの看板〟、ドド先生を推薦してくれることである。

わが子を、未知の学童保育に入れるかどうか迷っている親には、現役の父母たちが背中をぽんと押す役割を果たしている。実際に子どもを預けている親たちが、いいところだと言うのだから、と安心できるのだ。

ドド先生とて人間、多くの父母とのやりとりの中で、時にはウマが合わなかったり、話がかみ合わずに悩まされたりすることがある。もう、説明するのが億劫《おっくう》なときだってある。でも、個々のそんな出来事はそんなにこだわることではないと思っている。というのは、いつもあまりに率直な物言いで、たまにドド先生でさえ戸惑わされてしまうある母が、近所の新一年生の父母にこう言っているのを知ったからだ。

『がんばれ』の指導員はな、私らのこと何でも吸収してくれる、高級なスポンジみたいな人やねんで。そやから何も、心配は要らん」

これまでにも、子どもに障害があったり家庭事情が複雑だったりして、入所を遠慮してしまうというケースはあったが、コウイチの時のように父母が相談することを促してくれる場合もあった。そんな時、ドド先生は迷っている親に、こう伝えることにしている。

「子育てするのに、遠慮なんかしたらあかんよ。みんなで育てたらええんやから」

とはいうものの、父母たちから「考えが甘い！」と苦情を言われたりすると、正直なところふと、自分の考えの良し悪しが分からなくなる。

〈もしかして、私ってただたんにNOが言えへん人間なのかな〉

けれど、「がんばれクラブ」が存続していて、そこに指導員の私がいる、それが答えだと思うことにしている。

行き違いやいさかいは、人間どうし、必ず生まれる。だから、それが小さいうちに喧嘩しよう。そして、ほころびをきちんと見つめて修復しよう、というのが信念だ。

それにしても、とドド先生はまた考える。

〈うちの場合は、やり過ぎてしょっちゅう激しい言い合いになってしまうなぁ。一人前の社会人たちが遠慮会釈なしに相手を批判したりするもんやから、側で聞いてたらハラハラさせられる。まぁ、どないしても結論が出えへん時は、私が無理やりまとめていくしかないいんやけど……。何とかして欲しいワ、うちの親たち〉

そんなふうに頭を痛めながらも、案外、ドド先生はそれも楽しかったりする。

✣ぶどうゼリー事件

大人が日々、いろんな苦労を抱えながら生活している時、子どもはその内容を事こまかに知らなくても、何となく親の心情は察しているものだ。親が一生懸命働いて、自分を学校や学童保育に行かせてくれているのだからしっかりしよう、と思ってはいるが、まだまだ自分の考えや思いをうまく行動に移したり、困難に対処する智恵が浮かばなかったりで、ちぐはぐさを抱えている。

そのしんどくなった部分が、自分をまるごとさらけ出すことが出来る学童保育で、ちょっと乱暴な形で出てしまうこともある。

指導員たちが、異口同音に挙げる学童保育の特徴の一つが、ここでは子どもが他の場での評価とは全然違う評価をされることが多いということだ。

どういうことかというと、例えば、学童保育で「この子は活発で元気のいい子」と評価すると、学校ではその子は「乱暴者」という評価になることがある、ということ。また、「集中力に欠ける」と言われている子も、学童保育に来たら「好奇心旺盛」などなど。

大阪府下のある指導員が自信なさそうに言う。

「そやけど、行く場行く場でまったく正反対の評価をされるっていうのも、子どもにとっては混乱するもとかな、て思うことはあるんやけど」

すると、別の先生が答えて言う。

「そんなん、評価する僕らがきちんと価値観を貫いてさえいたら、心配いらんと思うよ。実際に社会に出たら、人の評価なんて価値観によってさまざまやし、それを子どものうちから体験できるってことは、むしろええことやで」

とはいえ、学童保育という自主性を重んじる環境の中でも、指導員がしっかり導かなければ子どもたちは知らず知らずにそれていくことがあると、ドド先生は体験から思う。

今からもう十年以上も前のこと。それは、ある一年生の男の子のことだ。

彼は、活発なのはいいが、かなりわがままなところがあり、気に入らないことがあるとすぐに荒れたり文句を言ったり、当番の仕事をサボったりしていた。そんな彼のお気に入りは、おやつで出されるぶどうゼリーだった。

生協のぶどうゼリーと聞くと、指導員なら誰もが、「ああ、それはウチでも一番人気があるわ」と納得する。生協のゼリーとは、ひと口大に個装された果物味の柔らかいゼリーだ。人工着色料をいっさい使わないため、オレンジやりんご、イチゴ味のどの種類も地味な色をしている中で、唯一、ぶどうだけは他と違ってはっきりと色がついている（といっても、市販のゼリーのきれいな色にはとても及ばないが）。しかも、数が他に比べて少ない。

なので、子どもの人気はそれに集中する、というわけだ。

おやつにゼリーが出される日は、いつも彼と他の子どもたちがひと悶着起こすことになる。自分の皿にぶどうゼリーがのっていないと、イヤだと言ってダダをこね、まわりの子どもたちを困らせるのだ。そして、そんな彼の態度に、つっかかったり、こづいたりする子もいて、育成室は騒然となってしまう。それに加え、自分の班が当番の日でもいつまでもおやつを食べていて、掃除をさぼったりしている彼の態度に、子どもたちは常日頃から不満をつのらせていたのだった。

ドド先生が休んでいたある日、おやつの時間も終わり、みんながそれぞれ遊び始めた頃、突然トイレから大声で泣く声がした。アルバイト指導員のサワダ先生が何事かとトイレへ駆けつけると、二、三人の子どもがトイレのドアを開かないように押している。泣き叫ぶ声は、その中から聞こえていた。

サワダ先生は、それを見るや否や「おまえら、何やってんのや！」と、思いきり怒鳴りつけた。驚いた子どもたちは、一斉に手を離し、ドアが開いてぶどうゼリーのその子が出てきた。大粒の涙で顔を濡らして、声をあげて泣き続けている。

ドアを押していた子どもたちは、なぜそんな剣幕で自分たちが叱られなければならないのか、まったく合点がいかないという顔で、口々にサワダ先生に文句を言った。

それに対し、彼らの卑怯なやり方を許せないサワダ先生は、「君らのやったことは、いじめやろうが！」と激しく叱るが、子どもたちはそっぽを向いてしまった。これ以上話してもラチがあかないと思った彼は、その日は「家でよおく考えてこい」と言って帰したが、落ち込んでしまった。

翌日、昨日の顛末《てんまつ》を話し、頭をかかえているサワダ先生に、ドド先生は「怒ってもなかなか真意が伝わらへん子どもらやからこそ、話して分かるように育てなあかんのや」と答え、当の子どもたちが帰るのを待って呼び集めた。みんな仏頂面をして、口々に抗議を申し立てる。

「あいつがいっつも、わがままばっかり言うて、みんなに迷惑かけてるからや」

「みんなを代表してあいつをこらしめるために、トイレに閉じ込めただけや」

「そやから、オレらは悪くない！　悪いのはあいつや」

ドド先生は、本気で抗議する彼らを見て、あえてその言い分を無視して一喝した。

「あんたらのやったことは、悪くないんか！　あの子をこらしめるためやて言うけど、それやったら、トイレに閉じ込めたらあの子の悪いとこ、治るんか？　どうなんや？」

子どもたちは、ドド先生の剣幕に気おされて黙ってしまった。やがて一人が心細そうに小さな声で、「……治らへん」と答えた。

「そうやろ？　そしたら、もし自分がトイレに閉じ込められたら、嬉しいか？」

「……ううん。嬉しない」

そこで、「自分がされて嫌なことは、誰にだってするな！」と、とどめの一言。叱られて、しょぼんとしている子どもたちに、今度は諭《さと》すように言った。

「直してほしいところがあれば、本人に言えばいい。そやけどなかなか直るもんやないから、しばらくは大目《おおめ》に見て見守ってやってな」

みんなは素直にうなずいた。そして、

「大人になっても、ぶどうゼリーが欲しい、て言うて泣く人はおらん。そやけど、人をいじめても平気でいるようないじめの心は、今のうちに直しとかんとな……」

と、ふとつぶやいたドド先生に、子どもたちは「ほんまやな」と答えたのだった。

正義のつもりでも、やっていることはいじめでしかない、というようなことは大人の世界でも充分に起こり得る。ドド先生は、子どものうちにその恐さを知って欲しいのだ。

❖「ドド」は子どもからもらった勲章

ところで、ドド先生の名前は本当は「イトウ」さんである。イトウさんがなぜ「ドド」と呼ばれているのか……？　そういって不思議そうにたずねられるたびに、ドド先生は誇らしげにこう答えるのである。

「これは、私の指導員としての勲章なんや」

そして、この由来を話す時、ドド先生の目には必ず、涙がにじむのである。

それは、「がんばれクラブ」が開所して最初の年。

姫里小学校に通うアイちゃんは、ダウン症の女の子だった。他の子と何ら変わらず過ごしていたが、言葉がうまく出ないということだけが違った。当時は独身で「ゴトウ」先生と呼ばれていたドド先生は、アイちゃんからまだ一度も名前を呼んでもらっておらず、それだけが淋しかった。

かねがね、ドド先生はアイちゃんの学校生活も一度は見ておきたいと思っていたが、ある日、小学校で授業参観があるというので出かけることにした。

教室の後ろには、子どもたちの父母がずらっと並んで参観している。そんな中に入るのも気が引けるので、廊下の窓越しにアイちゃんを探した。すると、窓際の一番前の席に座っているアイちゃんが廊下に立っているドド先生に気付いて、手を振ってきたのだ。嬉しさのあまり顔を輝かせて、「おーおー」と声をあげて。

教室中が一斉にアイちゃんの視線の先を見、ドド先生は注目されてしまった。ものすごく恥ずかしかったが、同時にものすごく嬉しかった。

「がんばれクラブ」に戻り、やがて子どもたちも帰ってきた。そして、床の上に座って、みんなで遊んでいたときだった。ドド先生のひざの上に乗っていたアイちゃんが、「どぉ、どぉ」と言ったのだった。

まわりにいた子がそれを聞き、「今、アイちゃん、何て言うた?」と振り向いた。

「どぉ、どぉ」と、ドド先生に向かってアイちゃんがまた言った。ドド先生には、さっぱり分からない。すると、誰かが「ゴトウ先生、て言うたんや!」と叫んだ。

「すごい。アイちゃん、ゴトウ先生て言えたんや」

「ドド先生や」

「ドドや」

やっと、アイちゃんが名前を呼んでくれた。それが、「ドド」。それからしばらくは、子どもたちは「このひと、誰?」と、ドド先生を指差しては、アイちゃんに「ドド先生」と呼ばせて喜んでいたが、そのうち今度は、自分の名前も呼んで欲しくなり、自分自身を指差して、口々にたずねるということが、飽きずに続いた。そうしてアイちゃんは、少しずつ仲間の名前を言えるようになっていった。すると、いろんな言葉もめきめきと言えるようになっていったのだった。

以来、二十年近く年月を経て、当時のことを知る人も少なくなってきたが、「ドド」と呼ばれるたびに、あの時の喜びが甦るのである。

✣「やめたい病」とマラソン

学童保育の生活というものを考えたとき、ドド先生は規律としての決まりを守ることはもちろん大切だが、決められた課題を確実にこなしていったり、常に成果を出すといったことばかりに重きをおくことには疑問を抱いている。

やっていくうちに、子どもたちや指導員どうしの個性や考え方、そのとき置かれた状況などで臨機応変に対処しなければならないことも出てくるし、何より、課題をやり遂げることそれ自体よりも、そのプロセスがどうだったのか、その方が大事だと考えるからだ。

しかし、指導員になってからしばらくは、そんな自分の考え方をうまくまとめることが出来なかった。日々、研修で覚えたことを実践しようと頑張り、決まった事をきちんと子どもたちに守らせるのにきゅうきゅうとしていた。でも、現実にはうまくこなすことが出来ない。

例えば、伝承遊びを楽しもうという取り組みでケン玉を覚えた時は、他の学童っ子たちが得意満面で高度な技を披露しているのに、「がんばれクラブ」の子どもたちはやっと、玉が乗ったとか剣に差せたとか、初歩の段階で精いっぱい。さすがに少し、肩身が狭い思いをした。

でも本当のところを言うと、たとえ初歩の段階でも、うまくいった時に子どもが緊張の面持ちでチラッとドド先生の顔を見る、その表情が何より好きだった。

〈ほら見て、出来たやろ?〉と。

ドド先生は、そんな一つひとつの達成感をこそ、子どもたちに味わってほしいと思ってきた。

けれど、目に見える成果としては、いつも中途半端なまま。

「指導員はこうあるべき、こういう事をやり遂げるべき」という、父母からの要望にも応え切れない。そのたびに、〈もしかして、私って指導員に向いていないのかな〉、そんな風に、なかなか自信が持てずにいた。仲間に支えられてとにかく前に進んできた、という感じだ。

そんなドド先生にとって、これまでの指導員生活の中でも最大級の試練が訪れた。大阪市が「児童いきいき放課後事業」という、全児童対象の放課後育成事業を始め、校区の姫島小学校でも、九四年にスタートしたことが、事の発端である。

「いきいき」の実施を目前にして、学保連では、父母をはじめ地域の人たちに、どうやって「いきいき」には決してない学童保育の良さを伝えていくか、どうやって子どもにとって本当に必要な環境について考えてもらえるか、ということが緊急課題としてひんぱんに話し合われていた。

しかし、ドド先生はあえて特段のことはしない方針を貫いた。月々の保育料を負担してでも学童保育を選ぶか、それとも「いきいき」を選ぶかということは、日頃の実践への評価が下されるということでもあるし、家庭によって、いろいろな事情もあるだろう。いずれにしても最後には、当事者である父母が決めるしかないのだから、と。

とはいえ、心のどこかに「いきいき」と学童保育の内容の違いは歴然としているので、「がんばれクラブ」の子どもたちが去っていくようなことはない、という過信がなかったと言えば、嘘になる。

さて、三日後から「いきいき」がスタートする、という十一月の終わり、予想をこえる八人の子どもの親から電話がかかってきたのだ。それは、父子、母子家庭と両親がろうあの家庭の計五家族だった。

一様に、「先生、急で悪いけど、うちの子、明日で『がんばれ』辞めさせるワ」という報告で、もはや相談の余地もなかった。

仕事を終えて帰った夜に立て続けに電話が鳴り、もう何がなんだかわけが分からなくなってしまったドド先生は、そのまま服を着替えて走りに出かける以外に、なすべきことが見つからなかった。頭に血が上ったまま自分の気持ちさえ整理できない状態で飛び出した。いつもの緑陰道路を、冷たい夜風に吹かれて、暗闇に灯る街灯を見ながら走るうちに、何とか心は落ち着きを取り戻すことができた。

しかし、次の日から強烈な「辞めたい病」が、ドド先生をさいなみ始めた。

辞めていく親子が憎いのではない。それぞれの事情はよく分かる。「いきいき」に負けたというような悔しさでもない。

じゃあ、一体、この苦しさは何なのか。悶々とした日々が続いた。

何も特別な対策を講じる必要はない、成り行きに任すのだ、と自分で決めたのなら、この現実をそのまま受け止めればいいじゃないか。なのに、なぜ自分はこれほどショックを受けているのだろう。

苦悩はどんどんエスカレートしていく。指導員になった最初の頃は、父母たちと衝突するたびに言われて悔しい思いをした、「先生は理想ばっかり求めて、実践力が身についてへんから結局、何ひとつきちんと出来てへんやんか」という言葉がまた甦ってきて、痛烈に自分を責めた。先の見通しが甘かったのか。それは、この仕事が自分に向いていないということなのか……。

〈今まで父母から言われてきてたことは、ホンマにその通りやったんかな。辞めてしもたほうがいいのかも知れん〉

そして、日に日に本当に指導員を辞めることを考えるようになっていった。

そんな中でも、学童保育の日常は過ぎていく。十二月も終わりに近づいた冬休みのある日、大阪市内の学童保育の合同行事で、お楽しみ会が開かれた。「がんばれクラブ」から参加した子どもはたった三人だったが、ドド先生は引率して会場に向かった。

市内二十三区から仲間たちが集まった会場は、賑やかで熱気あふれるものだった。しかし、そのときのドド先生には、それは胸の痛みを増すものでしかなかった。

ふと顔をあげると、同期の指導員、タカミ先生の姿が目に入った。

タカミ先生のまわりには、連れてきた大勢の子どもたちが、楽しそうに集まっている。背中におぶさる子や甘えてもたれている子、「タカセン！」と何度も呼びかける子どもたちの笑顔を見た瞬間、強烈に羨ましいと思った。

〈私も、あんなふうに子どもたちに囲まれたい！〉

突然、そんな感情が噴き出したことに、自分自身でも戸惑った。戸惑いつつも、ドド先生はこのとき初めて、自分の本音を悟った。いろんな理屈をこねても、カッコつけてみても、自分はこの仕事が好きなのだ。電車の中で、指導員仲間の実践記録を読むうちに、いつの間にか人目も忘れてぼろぼろ涙を流している自分は、ただただ子どもたちに囲まれて仕事がしたいだけなんだ、と。

その年の父母会長が「いきいき」に移るからと、任期途中で辞めてしまったことも、ドド先生にはこたえていた。しかし、辛いことばかりは続かない。

嬉しかったのは、深い悩みに落ち込んでいるドド先生のことを、マカベ家の父母が家で話し合ってくれたことだった。日頃は、父母会の会議に出てもめったに発言しないし、表に立つことのないマカベ家の母が、こう言った。

「年度替わりまでは、私が父母会長の穴埋めを引き受けるワ」

ドド先生はびっくりした。

「何があろうと、何と言われようと、ドド先生は自分の信じるように思い切りやればいいよ。私ら、『がんばれ』のためやったらいつでも手伝うから。そう夫婦で話し合うたんや」

ドド先生の胸の中では、にわかには信じられないという思いと、これまでのつき合いが実を結んだ喜びとがないまぜになっていた。そして、誰かのために頑張っていると考えるのはやめよう、と思った。

自分は、この仕事をやりたいから続ける。そんな自然な気持ちで指導員の仕事に向き合ってみよう、と気持ちが軽くなったのだった。

翌春、新年度にあたってマカベ家の父は、それまで父母会にほとんど出たこともなかったけれど、どうせ参加するなら、会長やるワ！　と宣言した。

こうして、ドド・マカベの名コンビが誕生したのだった。

それからも、時々「辞めたい病」は顔をのぞかせる。それは、指導員として抱いている理想や志と、社会の中での評価や位置付けとのギャップの大きさを思い知らされ、仕事を続けていくことに自信が持てなくなった時に、である。

そんなときは、とりあえず走る。走りながらぼんやり頭の中で考えているうちに、汗と一緒に湿っぽい考えが飛んで、心が軽くなってくる。そして、悩んでいるうちに、〈私はこの仕事が好きだし、大切だと思うからやっているのだ。辞めずにいることが、学童保育の力になるはずだ〉

と、原点に戻る。そして、今回ももうちょっと頑張ってみよう、という気になってくる。その繰り返しである。

✣大阪学保連の仲間

父母会の運営委員会は、必要に応じて連絡網で日時を決めて開いているが、議題によっては夜遅くまでかかることもある。そんなときは、開始時間を少し遅めにして、それぞれの家庭で子どもたちの夕飯やお風呂の準備を済ませてから、駅前の居酒屋に集まることもある。

ひと通り議題を話し合った後は、料理とビールを注文してみんなでひと息入れる。そして、アルコールの力も借りながら、日頃、胸の内に溜まっていることを吐き出して、わいわいがやがやと、みんなで話をする。

一番多い話題は、なんと言っても生活の苦しさ。「うちのおとうちゃん、ついにリストラやねん」と、誰かが打ち明けようものなら、みんな、沈んだ顔の本人を囲んで励ましたり茶化したりしながら、何でもかんでも笑いのネタにしてしまう。そうして本人を巻き込んで、みんなで笑い飛ばしてしまうのだ。

これぞ、大阪の笑いのパワー！と、みんなは盛り上がっているが、ドド先生は、その逞しさに感心しながらも、〈よその家の重大な問題を、こんな風に好き勝手に笑い飛ばしてええんかな。そのうちバチが当たるで〉と思わずにいられない。

しかし、それはみんなが機嫌の良い時。時には、話し合いがもめて、売り言葉に買い言葉、口論がエスカレートしてしまうこともある。

ビールも進んでどちらも引かず、歯止めが利かなくなり始める前に、要領よく帰ってしまう父母もいるが、中には、あまりの激しさに席を立つに立てなくて、震えている母がいたりする。ドド先生は、ひとしきり言い分を聞いてから、口を開く。

「もう夜中やで、ええ加減に帰ろうや。堂々巡りで答えなんか出えへんで」

そうすると、双方とも、

「何でワシがこんなにこだわってるか、分からへんのか？」

と、ムキになる。それに答えて、びしっと言うのだ。

「そんなに文句ばっかり言わんならんのやったら、残るか去るか自分で考えて選んでくれたらええ。他人のせいにする人なんか、『がんばれ』には要りません！」

ドド先生の言うことは強烈やなぁ、とやがて熱も冷めて、ようやくお開きになる。


しかし、いつもドド先生の仲裁が効くとは限らない。

それは、父母会での意見の対立がいつの間にか、互いの生活に踏み込んだ個人攻撃にまで発展しつつあり、話し合いどころではなく、陰険なムードに覆われていた時だった。ここまで築いてきた父母会の信頼関係が、いまにも崩壊しそうになっていると感じたドド先生は、「もう今度ばかりは」と、いつになく落胆していた。

そんな気持ちのまま、学保連の会議に出たある日のこと。会議が終わり、ぼんやり玄関に向かうドド先生は、前田さんに声をかけられた。いつもなら、積極的に意見交換して、会議の流れをリードしてくれるドド先生が、その日はさっぱり口を開かないので、前田さんは気になっていたのだった。

前田さんとは、指導員になって以来、もうずいぶん長いつき合いである。

ドド先生は、「がんばれクラブ」独自の取り組みを、みんなに紹介して欲しいという要請を受けて、幾度となく指導員会議で実践報告をしてきた。それは、例えば父母たちに昼間の子どもの姿を知って欲しいという思いから、通常の父母会や運営委員会とは別に、子どもに関する懇談会を始めたことなどだった。ドド先生としては、別段、新しい試みという気構えはなく、こういうことをすればいいだろうな、と思うことを実行に移しただけのことだったが、当時の指導員間では、新しい発想として高く評価された。

そんなこともあり、前田さんと直接しゃべることも増えていたが、二年前に大阪市全体で、大規模な署名活動に取り組んだときは、その事務局員として学保連の事務所が入っているビルにしょっちゅう足を運んでいた。それをきっかけに、二人のつき合いは密度を増した。

会議のあとなどに、時々どちらかが誘っては、ゆっくり食事をしてビールを飲みながらいろんな話をする。しかし、その日のドド先生には話を聞いてもらおうという元気もなかった。が、まあせっかくのお誘いだし、と気を取り直して一緒に玄関を出た。

地下鉄谷町線に乗って都心の梅田に出ると、二人が時々食事をする地下街の店に足は向かった。テーブルに座って注文を済ませ、まずはビールで乾杯した。

ドド先生は、前田さんの気遣いもありがたいし、ビールで多少リラックスした気分にもなってきたので、辛い胸の内をぽつぽつ話し始めた。その言葉を、前田さんはただ相槌を打ちながらじっと聞いていた。

「なんぼ私でも、今度はもう立ち直れそうにない。ホンマ、自分はこの仕事に向いてへんのやと、つくづく思ったわ」

やがて、言葉が途切れたところで、前田さんは静かにこう言った。

「ホンマに今まで、よう頑張ってきたもんなあ。そこまでしんどい思いをしてるんやったら、もう、頑張らんでもええんちゃう？」

ドド先生は思わず、えっ、と聞き返した。

「イトウ先生は、もう充分やってきたと思うよ」

そのときのことを思い出すたび、ドド先生は苦笑してしまう。

〈普通、人が落ち込んでる時って、とにかく励ますもんやのになぁ。自分が辞めてしもたらどうにもならん、そう思って気力で続けてる状態やったのに、あっさり、辞めてもええて言われたみたいで、何やわけが分からんようになった。何で前田さん、あんなこと言うたんやろて、しばらくは本気で悩んだなぁ〉

いくら考えてもキリがないので、ドド先生はある朝早起きして、トレーニングウェア姿で緑陰道路に向かい、走り出した。そうしてただひたすら汗を流しているうちに、ふと思ったのだった。

〈そうや。辞められへん、頑張らなあかん、て思うから、どんどん自分の中でしんどくなっていくんや。ホンマは辞めるなんて、ものすごく簡単なことなんかも知れん。辞めるも続けるも、自分の意志で決めればいいことなんやから〉

すると、不思議とつき物が落ちたみたいに、気が楽になった。いつ辞めてもいいんやったら、もうちょっと頑張ってみよう、とまたファイトが湧いてきた。

学保連の事務所は、大阪市内のオフィス街のひとつ、南北に走る谷町通り沿いの貸しビルの中にある。ＪＲ線や各私鉄のターミナルである梅田方面からは、地下鉄谷町線で南へ四つ目の駅を降りて、徒歩五分。巨大都市、大阪の中心地圏内である。すぐ近くには、古い歴史を持つ空堀商店街、南へ歩いていくと、近松門左衛門の墓や日本で最初に建てられた寺、四天王寺などがある。そして西には、阪神タイガースファンが川に飛び込むので知られる道頓堀など、「ミナミ」の繁華街がある。

四天王寺の最寄りの駅、「天王寺」は、学保連に近い駅からはさらに南へ三つ先だ。そこは、大阪府南部や奈良県、和歌山県とつながるターミナルとなっている。

学保連で指導員会議があるときは、府下一円から指導員たちが集まるが、大阪府は南北に広い。和歌山県との境界に近いあたりから来ようと思うと、いくつも乗り物を乗り換えなければならなかったり、かなり歩かなければならなかったりする。そして、会議が終わればとんぼ返りだ。

熊取町も、そんな南部地域のひとつである。熊取では、二〇〇〇年度に特定非営利活動（NPO）法人「熊取こどもとおとなのネットワーク」を発足させて、学童保育の運営もそこが行なっている。

それまでの協議会といえば、一九七八年に結成された「熊取学童保育連絡会」。現在のNPO法人はそのタイトル通り、学童保育に限らず、町全域のネットワークとして様々な組織が連携しながら活動を展開している。発足してまだ年月も浅いので、多くの可能性とエネルギーを秘めて、目下、発展中である。

ＮＰＯ法人のもとに組織されている学童保育は、中央・南・西・北・東の五つの学童保育である。その中の南学童保育所から、まめに学保連に足を運ぶ先生がいる。それは、ホリエ先生。

黒く焼けた肌、きりっとした眉、中肉中背でいつも大きなバックパックを背負って、いかにもスポーツが得意そう。そんな外見から受ける印象とは正反対といった感じの、柔らかい話し方で物静かな人だ。

ホリエ先生は、子どもの頃から引っ込み思案で、特にこれといって自慢できることもないし、いつも何となく自分に自信の持てない人間だった、と言う。それが、学童保育に勤めてからは、そんなことは気にしなくて良くなった、と言うのだ。

指導員会議には、いつもきちんと出席するホリエ先生ではあるが、まわりはツワモノばかりである。会議を進行しているはずが、自ら脱線していく人、しゃがれ声でズバズバものを言い、おおらかにガハハと笑って場を盛り上げる人、漫談師かと見まがうほど巧みな話術でみんなを惹きつける人。

ひるぜん高原での学童保育指導員の研究合宿。

そんな中では、ホリエ先生はほとんど目立たない存在である。でも、熊取での学童保育活動を進める柱のひとりとして、みんなから頼りにされている。

「大変やね、毎回、熊取から来るのは」と、声を掛けられると、「いやいや、平気」と、照れ笑いで答える。

指導員という職業の不安定さ、待遇の低さ、労働のきつさなどは、どこも共通するものだが、もし、これから家庭を持って子育てをしていくとすれば、経済的にも時間的にもますます大変になっていくだろう。それは、先輩指導員の姿を見れば、明らかだ。

それでも、この仕事に情熱を持って続けているのは、なぜ？　と問われて、ホリエ先生は「う〜

ん」と、しばらく考え込んだ。やがて、自分自身に確かめるように言った。

「やっぱり、自分が癒されるから、かな」

ちょっとくらい人より運動神経が鈍くても、口下手でも、そんなこと、指導員も父母も、もちろん子どもたちも誰ひとり気にしていない。たとえ何か失敗しても、その時みんなで笑って、それでおしまい。

友だちとの喧嘩や、学校や家庭での出来事などが心に引っかかっている子どもと向き合って、一緒に悩んだり、すっきりして一緒に喜んだりしていたら、当の本人よりもホリエ先生のほうが、じ〜んときて涙ぐんだりしてしまう。だから、学童保育にいることによって、僕自身が癒されているんやと思う、と言った。

〈僕は僕のままでおっても、ええんや〉

「そういう学童保育の素晴らしさは絶対になくしたらあかんと思ってる。ホンマは社会全体がそんな風に、自分や人を受け入れられるようにならんとあかんのや」

そう、力を込めて言うと、ホリエ先生のいつもの優しい顔が、きりっと引き締まった。

✣わが子のナミダ

ドド先生が自分のことを、つくづく情けないな、と思うのは、「がんばれクラブ」では体当たりで子どもたちや父母とつき合いながら、それぞれの状況や心情をくみ取ろうと、目をこらして見つめているのに、わが子のナミダには全然、気づかない母親だということだ。

いくらタフなドド先生でも、時には心身ともに疲労困ぱい、という日ももちろんある。

あれはもう四、五年前の、ぐったりして帰宅した夜のことだ。

その日、仕事から帰ってきて手を洗うと、ドド先生は、休憩もせずに台所で夕飯の用意に取りかかった。一刻も早く支度を済ませて、ゆっくり腰を落ち着けたかったからだ。

ドド先生は、その日は一日中、何に対するともなく苛立っていた。

その時、娘が側にやってきて何か言いたそうにもじもじしているのに気がついた。

忙しそうに立ち働く母に遠慮して、話を切り出せない様子の娘に、ついいらいらして大きな声を出してしまった。

「何？　忙しいねんから、用があるんやったら早よ、言うて！」

「あのな、お母さん。プールのかばん、新しいの買うて欲しいねん」

「今、使うてんの見せてみ」

娘が持ってきたビニールのかばんをせわしなく眺めてから、眉間にしわを寄せた。

「まだ、十分使えるやんか」

「そやけど……」と言いかける娘の言葉をさえぎって、勢いよくまくしたてた。

「あかん、あかん。ウチにはお金なんか全然ないんやで。お金もないのにどうやって買うんや！」

そして、流し台に戻って炊事を続けた。


その頃、ドド先生の家庭は大変な状況だった。自営業を営んでいる夫の会社は、不況の中でも地道にやっていたのだが、得意先から注文を受けて納品した分の代金を、支払い日をとうに過ぎてもまったく払ってもらえないでいた。

長く取り引きをしてきた大事な得意先なので、あまりきつく督促するわけにもいかない。しかし、予定していた入金がないということは、たちまち経営に支障をきたした。ほかの取引先に自分の会社が迷惑をかけてはいけない、と夫は出来る限り自分がそのしわ寄せを受け止めて頑張っていた。最低限の支払いや従業員への給料を優先すると、夫が持って帰れる分はあるかないかという状態だった。それで、ドド先生の頭の中には、「お金がない」という言葉が呪文のようにこびりついていたのだった。

信用していた得意先との取り引きが突然そんなことになって、ひどくがっかりしながらも、金策に走り回っている夫のことを気づかう余裕は、この時のドド先生には、もはやなかった。

その頃、夫は時々、仕事がないからと日の高いうちに帰宅することもあった。疲れて帰ってくると、寝ころんでテレビを見ている夫の姿が、目障りでしょうがない。自分は、肉体的にも精神的にも疲れて帰ってきて、それでも家事をこなしているのに、と腹が立ってくる。人一倍、責任感が強いのも、お人好しなのも結構だけど、家族の生活もだいじゃないの……。

ドド先生のいらいらは、このところつのる一方だったのだ。

やがて、ふと娘のことが気になり、振り返ってみると、娘が部屋の隅っこで可愛がっているハムスターを手のひらにのせて、声を殺して泣いている姿が見えた。

「しまった！」と思ったが、とにかく食事の支度の手を早める。

娘は、ドド先生が夕飯の支度を終えるまでずっと、そうしていた。ようやくひと息ついたドド先生は、エプロンをはずしながら、娘のそばにしゃがんで声をかけた。

「何で、新しいかばんが欲しいん？」

「もう、いい。だって、買うたらあかんのやろ？」

うつむいたままそう言って、しゃくりあげている娘に、努めて優しい声で言った。

「さっきはそう言うたけど、何で欲しいのか、おかあさんに教えて」

「クラスの女子の間ではやってるのがあるから、私も欲しいんや」

確かに、娘のプールかばんはずいぶん使い込んでいて、そろそろ買い換えてやってもいいころだった。

「どうしても、欲しいんか？」とたずねると、娘はやっと顔をあげ、こくっとうなずいた。

「分かった。お母さんもさっきはきつう言いすぎた。今度の日曜、いっしょに買いに行こな」

そして、ようやく機嫌を直した娘と夕飯のテーブルについたのだった。

数日後、ドド先生はこの話を、学保連で指導員仲間に話してみた。

「頭ごなしに怒鳴りつけて、娘を泣かせてしもたんや。わが子の心はちっとも分かってへん人間やわ、私って」

姉御肌のドド先生が、しんみりと何を打ち明けるのかとみんなはじっと聞いていたが、話が終わるや否や、噴き出してしまった。

「プールかばんて、あのビニールのやろ?」

「お金ないて言うたって、イトウさん、そんなもん、なんぼもせえへんがな! 娘を泣かさなあかんようなこととちゃうで」

そう言って、みんなは大笑いした。

そう言われれば、そりゃそうだと思う。たかだか数百円のビニールかばんである。なんだか情けないな、という気もする。ただ、この出来事を通して痛感したことは、「経済的な貧しさは、人の心まで貧しくしてしまう」ということだった。

経済的に苦しくて、そのことばかりに意識がとらわれてしまうと、人はどんどん心のゆとりをなくしてしまう。何でもないことにまで圧迫感を感じるようになる。

自分の殻にこもってしまうということだろうか。

しかしまあ、指導員仲間に笑い飛ばされて、少しは救われた気分になる。学保連に集まる仲間たちは、口をそろえて言った。

「それが、大阪のええとこやんか」と。

人生の苦難も悩みも、気の利いたツッコミなど入れてみんなで笑って、とりあえずうつうつした気分を吹き飛ばしてしまおう。

同じ大変な状況ならば、陰気に一人で悩んでしんどさにつぶれてしまうより、みんなに話して笑い飛ばしてもらったほうが悩み方も健全だ、ということだろうか。

❖〝カッコいい存在〟めざして

「がんばれクラブ」が開所した初年度の子どもたちの中に、自閉症児のカナコという女の子がいた。

「自閉症」と聞くと、その文字面からまったく外部と断絶して、自分の世界に閉じこもって……というイメージを抱いてしまいがちだが、自閉症の症状は個人差が大きく、一概に言うことは出来ない。

カナコの場合は、自分から他者に働きかけることはめったになかったが、彼女が本当に信頼している人と一緒の空間の中であれば、他の子どもと遊ぶことも出来た。

ドド先生はカナコからとても信頼されていたので、自分がカナコの安心できる空間を意識的に作り、その中にいろんな子どもを呼び込むことで、カナコが他の子と一緒に遊べるということが楽しかった。

それからも、「がんばれクラブ」には程度の差こそあれ、何らかの障害を持つ子が入所しては巣立っていった。働いている父母にとっては、子どもに障害があればなおさら、自分が帰宅するまでの時間帯を、安心して過ごせる場所が必要なのだ。

地域の要求として当然出てくることだし、よっぽど不可能な状況でない限り、学童保育に受け入れたいという思いをみんな持っている。しかし現実には、壁が存在するのだ。

大阪府内の学童保育でも、小学校の一教室を改造して学童保育の育成室にあて、指導員の身分も準公務員として位置づけられている、例えば吹田市のような公設公営の場合は、障害を持つ子が入所するにあたっては、児童育成課の留守家庭児童育成室などの管轄窓口で手続きをする。そうすると、「特例措置」がとられて付き添いの人の派遣や、補助金予算の追加計上が行なわれる。

しかし、大阪市のように、父母会が運営する共同学童保育の場合は、入所を決めるのは父母会、そしてその費用や人手の負担などをまかなうのは、もちろん月々の保育料であるから、可能な範囲内で、指導員や父母自らが支え合うほかない。

ただでさえ、指導員の給料を出すのも大変で、せめてボーナスくらい出したいが捻出は難しい、という時は、指導員のボーナスとして父母からカンパが集められることもあるくらいだ。

西淀川区の他の学童での話だが、どうしても建物の一部を改修しなければならなくなった時、そのための費用を捻出し切れない父母会会計に、まとまった金額をぽん、と差し出した父がいた。公務員で、ともかく収入は安定していたその人は、当たり前のように自分のボーナスを寄付したのだった。受け取る父母会も、遠慮なく改修費に充てた。

みんな、自分の出来ることを各自で考えて行動する。それはあくまでも自主的なもので、強制力は働かない。

そうやって、いろんな形で「誠意」を出し合って、みんなで学童保育を支えていこう、と考えている。

それまで、ドド先生は自宅のことにはそれほど頓着していなかった。給料が少ないのに、見栄を張る必要などない。古い長屋の一軒を借りていようが、いかに家の中がひっくり返っていようが、家族が何とか暮らしていければ充分だと思っていた。

ところが、ＯＢの子がドド先生の家を訪ねて来たことがあり、後日ふとつぶやいた一言が、胸に突き刺さった。

「ドド、あんなぼろぼろの家に住んでるんか」

〈私は、「がんばれクラブ」の子どもたちにとって家族以外で一番身近にいる大人。だから、常にカッコいい大人、子どもにああなりたいと思わせるような大人でいよう〉

いつもいつも、そう心に決めて指導員をやってきた。それだけに、そのＯＢの言葉は、ドド先生にとってはどうにも耐えられないものだった。

学童保育の子どもたちが頼るべき大人である指導員として、常に彼らにカッコいい生き様を見せ続けていたい。貧しくて生活に苦労している、指導員の仕事は大変だ、などと思わせてはいけないのだ。

上の子が生まれてから、初めて西淀川区にやってきた。ここに入居した頃は、ここでもいいと思っていたが、わが家の子どもたちも大きくなり、もう中学生と高学年。今となっては確かに相当手狭だし、老朽化してきているのも事実である。

ある日、ドド先生は夫と子どもたちに宣言した。

「きれいなマンションに引っ越すで！」

「何や、急に」

「やったぁ〜！」

それ以来、ドド先生は必死になって引っ越し先の候補物件を探し回った。自分も夫も、通勤するのに便利な所、緑を目にすることのできる落ち着いた環境、何より自分が走れる場所があるということが、必要条件だ。

そうして、緑陰道路にほど近いマンションを見つける。ここなら申し分ない。ここにしよう。そう決めると、無理やり夫を納得させて、本当に引っ越してしまった。当然のことながら、家賃の負担は以前よりかなり重くなった。

こんな理由で本当に引っ越してしまうのは、無茶な話だと分かっている。

〈そやけど、これが私の生き方なんや！〉

またまた、妙に闘志を燃やすドド先生であった。

III　だれかがきっと見守っている

「がんばれクラブ」15周年の集い。ＯＢたちもたくさん集まった。

✣ナオト一家の大事件

今から四年前の冬。その日は朝からずっと雨降りだった。ドド先生は、子ども数人をお供に連れて買い出しに出ていた。寒いのと荷物が重いのとで、子どもたちと「早よ、帰りたいなぁ」などと言いながら、駅前の交差点で信号待ちをしていたら、ふと道路の向こうにナオトの母を見つけたのだった。

見ると彼女は、傘も持たずにずぶ濡れで立っている。その異様な姿にびっくりして、大声で名前を呼んだ。そして、「一体、どうしたん！」とたずねると、母も声を張り上げて答えた。

「ダンナ、おらんようになったんや！」

信号が青になり、子どもたちに荷物を持って先に帰るように言うと、ドド先生は母を手招きして、とりあえず自分の傘に入れた。

「ダンナが消えて、どうしていいか分からんようになった……」

頭の中が混乱したまま家を飛び出した母は、交差点でドド先生に大声で呼びかけられて、はっと我に返ったらしい。そのままでは風邪をひいてしまうので、いったん濡れた服を着替えに帰ってもらって、改めて話を聞くことにした。ドド先生も、動揺しそうな自分を落ち着けようと努めた。

ナオトの父は、町工場に勤めていた。二人は若くして結婚し、この町でアパートを借りて生活を始め、すぐにナオトが生まれた。数年して弟も出来たが、彼女もパートの仕事をしながら生活を支えていた。

子どもたちは素直に育ち、決して楽ではないながらも生活には満足していたが、ただひとつ、問題は夫の借金だった。パチンコに入れ揚げ、遊ぶお金を妻に内緒でサラ金などに借りるうちに、結構な金額になっていたようだった。

それは、ナオトが一年生の三学期、「がんばれクラブ」での生活にもようやく慣れてきた頃のことだ。その日、夜になっても夫は帰宅しなかった。夫から何も聞いていなかった母は、いつもどおりに子どもたちを寝かしつけたあと、心配で一晩待っていた。しかし、朝になっても帰って来ない。

翌朝、子ども二人を小学校と保育園に送り届けたあと、夫の勤務先に電話を入れてみた。

動転していて気がつかなかったが、昨日は給料日だった。それを全額持って、夫は姿を消したのだと、そのとき初めて知った。

彼女は電話を切ると慌てて家中の心当たりを調べたが、現金という現金は一円たりとも残されていなかった。頭の中は、真っ白になってしまった。それで、気が付いたら交差点に立ち尽くしていた、というわけだった。

「これからどうしたらええか、私にはわからん」

と、頼りなげにナオトの母はつぶやいた。

「だって、私、まだ次の仕事見つかってないねんで……」

そして、たとえ仕事が見つかって、自分がいくら頑張って働いたとしても、親子三人で生活していくなんて自信ないし、毎月の学童保育の保育料を払うどころじゃなくなるだろう、と言った。

「でも、ナオトは毎日、すごく楽しそうに『がんばれ』であったこと、聞かせてくれるんや。そんなナオトの笑顔は奪いたくない。なぁ、ドド先生、どうしたらいいんやろ」

それを聞いて、ドド先生はつい、「私に任せとき。みんなに協力してもらうから」と言ってしまった。良い方策が思い浮かんだわけではないが、こんな時にこそ、みんなが力を貸して助け合える「がんばれクラブ」でなければ、何のためにあるのか分からない。そう思ったのだ。

「ホンマに？　ナオト、『がんばれ』辞めんでええの？」

「当たり前や。『がんばれ』の子は、どの子もみんなで育ててるんやんか。親が一人おらんようになったからって、心配せんでも何とかなるって」

ナオトが毎日、喜んで通っている学童保育。それが、親の勝手で行けなくなって、あの子が悲しむ姿を見たら、親の自分も挫《くじ》けてしまうような気がする。明日をも知れない状態の中で、楽しいことを奪われたらどうなるだろう。

でも、ドド先生の「何とかなる」という一言が、母には心強かった。

それから数日後、まだ誰にもナオトの家庭に起こった出来事を話していなかったドド先生は、運営委員会でその話を出した。

自分がナオトの母から聞いたことをあらまし話すと、父母たちは同情し、心配した。

「ナオトのとこは、夫婦とも若いのによう頑張ってるな、て言うてたんやけどな」

「おとうちゃん、結構借金があったらしいで」

「もう、帰って来んやろ。おかあちゃん一人で大丈夫かな」

「こないだリストラされて、おかあちゃん、いま失業中なんやろ？　次の仕事、見つかったんやろか」

口々に、そんな言葉が出た。

〈やっぱり、みんな我が事のように心配してくれている。父母会のきずなは強いんや。みんなで何とかしてくれるはずや〉

ドド先生は、そんな反応に勇気を得て、思い切って続けた。

「今のままやったら、ナオトは保育料、とてもやないけど払えへんのや。そやけど、ナオトは『がんばれ』を辞めさせたら絶対に、あかんと私は思う。あの子には『がんばれ』が必要なんや。これから先、どんなふうになるか分からんけど、とりあえず当分、保育料をもらわんとナオトを続けさせることは出来んやろか？」

その言葉を言い終わるか終わらないかのうちに、一人の母が色をなして言った。

「ちょっと待って。それ、私らにナオトの保育料もみてくれ、ていうことか？」

そして、それをきっかけに、その場は騒然となってしまった。

「正直、人の世話なんかできる状態やないねん。そんなことしたら、ウチの方が倒れてしまうわ」

「ウチかて、おとうちゃんの工場、ぎりぎりのところを何とか踏ん張ってるんやで」

「ドド先生は、学童に来てる子のことだけ、ちゃんと見てくれてたらええねん。そんなふうに一人ひとりの家庭のことまで考える必要ないねんで」

「そうや。家庭に踏み込んだって、ドド先生が解決出来るわけとちゃうやろ」

ドド先生は、あ然としてしまった。

〈みんな、何考えてんの？　私だってみんなとおんなじやから、日々の生活が苦しいのは、確かにその通りやて分かってる。そやけど、今のナオトの家庭は、苦しさの中身が全然違う。何でそんなことが分からんの？〉

あまりにみんなが勝手なことばかり言うように思えて、ドド先生は口をつぐんでしまった。その日の会議は、後味の悪いまま、お開きとなった。

帰り道、ドド先生は自転車を押しながら、涙が出そうになるのをこらえていた。

〈何でみんな、あんなに思いやりのかけらも、想像力のかけらも持とうとせえへんのや。私だって、夫の会社が倒産の瀬戸際で働き詰めになっていようが、子どもとけんかになろうが、こうやって会議に出てきてるんやないか。辛い時もあるけど、大事やと思えばこそ

や。そやのに、何でみんなで力、合わせられへんの?〉

これまで頑張ってきたことや、張り切って取り組んできたことまでもが無意味に思われてきた。別の学童保育に通っている娘が熱を出し、指導員に送られて早く帰って寝ていた日も、娘の顔を見るのもそこそこに、その夜の父母会に駆けつけた。「おかあさん、行かんといて」と懇願された、そのか細い声を振り切って。

そんなことがあるのも、指導員ならみんな百も承知だ。だけど、肝心の父母会が仲間に対して思いやりひとつないのなら、いったい何のために、私たちはそこまでやっているんだろう。

ドド先生の胸に、悔しさ交じりの悲しみが、じわじわとこみ上げてくるのだった。

ドド先生は、また走りに出かけた。一歩一歩、地面を踏みしめながら、父母会でのみんなの言葉や表情が思い出されて、胸の中に押し込んでいた悔しさがまた甦ってくる。

ほおが涙で濡れるのも構わず、ただ木々の下を黙々と走っていた。

✣どの子もみんな「がんばれ」の子

夫がいなくなってから、子どもたちも自分も、何とか心を落ち着けなければ、とナオトの母は思った。不安に取り込まれたら、パニックに陥ってしまいそうだった。

私がしっかりして、子どもたちを守らなければ。けれど、気の利いた言葉もかけてやれない自分は、どうやってこの気持ちを子どもたちに伝えよう……。

そんな時、ふと思いついたのが、夜、眠る前の絵本の読み聞かせだった。

子どもたちが楽しそうに笑うと、それだけで勇気がわいてきた。

そんな、子どもたちへの思いを自らの支えに、パートの仕事を何とか見つけて踏ん張っているナオトの母だが、前回の会議での反応を耳にし、気持ちはぐらぐらと揺れた。

自分たち親子は「がんばれクラブ」を続けたいと望んできた。でも、ほかの父母の迷惑になるくらいだったら、自分ひとりの力で子育てする覚悟をしないといけないのかな。

「やっぱり、辞めてしまおうかな……」

そんな母のつぶやきを聞きながら、ドド先生はどうしてもこのまま放っておくわけにはいかず、父母会長のマカベさんを呼び出した。

「そやけど、何でそこまでナオトのことにこだわるんや?」

そう問われて、ドド先生はなるべく冷静に、と努めながら説明した。

「ナオトって、ちょっと心に壁つくってるとこあるって感じん? アイツを見てるとな、何となく、ひとと信頼関係を築くことに対してすごい警戒心を持ってるように感じるんや。そのくせ、構って欲しいところは他の子と変わらんから、変に相手を怒らすようなからかい方するやろ。素直に人に甘えられんとこ、あるんや。人を信じられへん大人になってしもたら、それはものすごい悲惨なことや。ナオトにも、子どものうちに心から一緒に遊べる友だちを作って欲しい。そやから、学童保育を辞めさせたらあかんのや」

そして、次の運営委員会で、再びその話を切り出した。

「そのことやったら、無理やて、こないだの運営委員会でも出てたやん」

そして、またざわざわと口々に、生活の苦しさや日頃の心労への愚痴が飛び出した。

「そやけど、ナオトはまだ二年生やのに、お母さんに『僕が、ママと弟を守ってやる!』とまで言うて、健気に頑張ってるんやで。学童保育だって、ずっと続けたいて言うてるんやし、辞めさせるのはあんまりやと思うんや」

しかし父母たちは、毎日の生活をいかに切り詰めているか、買い物ひとつにもいかに節約しているか、そして保育料を払うのがいかに苦しいかを訴え、ついにはそんな現状を一人ずつ聞こうではないか、という話にまで発展した。

やっぱり、もうどうしようもない。そう思ったときだった。それまで、一言もしゃべらずにじっと聞いていた父母会長のマカベさんが、おもむろに口を開いた。

「なぁ。ワシら、何のために子どもを学童保育に行かせとるんやろ?」

その言葉に、騒がしかった空気が静まった。そしてみんな、ゆっくりマカベさんの方を向いた。マカベさんは、静かな口調で続けた。

「しんどい話、いくら並べてもどうにもならん。みんなの心がバラバラになっていくばかりや。誰か、最後にまとめてくれるんか? そんなもん、なんぼ会長のワシでもようまとめん。みんな、苦しいのを承知で子どもに学童保育、続けさせてるんやないか。それやったら、一人ぐらい何とかしてやれんかっちゅう相談やろ」

そして、黙って聞いているみんなを見渡して言った。

「がんばれの子はみんなの子や。どこの子も区別なんかない。ナオトかて一緒に育ててやったらええやないか。これだけ大の大人が集まってるんや、一緒に考えたらええ智恵も出るやろ」

ドド先生の目には、涙があふれていた。父母たちも一人また一人と冷静さを取り戻し、そうやな、その通りかもな、という声が起こった。目頭《めがしら》をハンカチで押さえながら、ドド先生は涙声で言った。

「学童保育のええところは、どの子も分け隔てなくみんなで育てていけるところやろ。親だって、いざという時、一人で抱え込んで悩まんでもみんなが助けてくれる。そんなふうに安心できるのが、学童保育やんか」

その後の話し合いで、区役所で生活支援制度を調べて申請すること、生活のめどが立つまでの数カ月は、学童保育の保育料は免除して、おやつ代や諸費用のみ払ってもらうことなどで合意した。そして、支障が出ればまた、その時に考えるということで、当面それでやってみることになった。

その後も、父母の中には不満をもらす人もいて、ナオトの母は、申しわけない気持ちで辛い思いをしたが、相談相手になって親身に話を聞いてくれる人、母の涙を受け止めてくれる人もいた。

そして現在、ナオトの母は仕事をかけ持ちして頑張っている。二年生になった弟も元気な学童っ子として、ナオトと仲良く通っている。そんな今となっては、母が一番混乱していたときに、「僕が守る」と言ってくれたナオトのことを、いつまでも精神的な支えにしていないで親として自立せなあかんで、とドド先生やマカベさんから言われている母である。早くナオトから子離れしてやれ、と。

✣元父母会長・マカベさん

一昨年まで父母会長だったマカベさんは、長男の入所以来、現在も四人目の末っ子、五年生の三男を通わせている父母である。彼とドド先生は、もうかれこれ十五年のつき合いということになる。

マカベさん一家は、「がんばれクラブ」が開所して数年たった頃に、そのすぐ近くのマンションに引っ越してきた。長男が保育園年長児のときだった。マカベさんが「兄貴」と慕ってきた人が、「がんばれクラブ」の建設運動に熱心に関わっていたこともあって、たまたま学童保育というものを知ったマカベさんは、長男が小学校に入ると、ウムを言わせず入所させた。

そんなマカベさんは、大阪万博開催の年の少し前に、故郷の沖縄から姉夫婦を頼って単身、大阪に渡ってきたのだった。当時、中学校を出て間もなかった彼の夢は、「立派なヤクザになるんや！」。それで、意気込んで大阪の町にやってきたというわけだった。

彼が初めてここ姫島にやってきた時のこと、電車を乗り継いで姫島駅に降り立った瞬間、不意に涙が目からあふれたそうだ。

「中学生が、沖縄から一人で大阪に来たんやもんな。そら、心細かったやろ」と誰かがしんみり言うと、マカベさんは〈そう思うやろ？〉とばかり、にやっとしながら、

「一人で来た、っちゅう感きわまった涙とちゃうねんで。それほど、ここの空気が汚れてた、ゆうことや」

時は高度経済成長のピーク、公害問題が日本全国で噴出していた。当時はこの町でも、歩いていて五十メートル先がスモッグでかすんで見通せなかったという。

「マカベさん、いつも酒の席でそれ言うては笑いを取ってんねんな……」

やっぱり今日も出たな、という感じでドド先生は思わずツッコミをいれてしまう。

その後、マカベさんはいったん沖縄に舞い戻り、生まれ故郷のコザ（現沖縄市）から離れた島で、当時まだ本土では関西の高級料亭でしか食べる機会のなかった「もずく」の養殖を始める。今で言うベンチャー事業である。

予想が的中し、本土への出荷がうまく波に乗り始めたが、沖縄では「地元意識」が強い。「もずく」の養殖自体が新しい試みだった上に、「よそ者」が事業を始めたことが、その土地の人とのあつれきを生んだ。

「ワシ、気ィ短いから、地元のもんとうまいこといかんようになって、仕事やめてまた大阪に戻って来たんや。それで、不動産会社に勤めたら、これがもうかって」

好景気にぐんぐん乗って羽振りもよくなり、高級なスーツに身を包んで飛び回るようになる。朝は子どもと顔を合わさず、夜も連日接待で、明け方近くに帰宅。結局、子どもとは何日もすれ違い。そんな生活だったという。

次の職場は、中央卸売市場。早朝の肉体労働なのでやっぱり、子どもたちとはすれ違いの生活だった。

「あの頃は、生活って、あんなもんやと思うとったな。学校休んでばっかりいた長男に、学校行けへんのやったら『がんばれ』も辞めさせる、て言うて、それ聞いた『がんばれ』

の子どもらから『辞めさせんといて』っていう手紙もろたことあったやろ。あの時も、玄関のチャイムが鳴って、ワシが出て直接手紙を受け取ったんやけど、ワシ、パジャマ着とったもんな。昼すぎにパジャマ着とる生活でも、別に普通や、ていう感覚やったんや」

そんなある時。学校に用があって、校門にピカピカの大きな車を乗りつけた。すると、校庭で遊んでいた次男が父の姿を見つけた。次男が嬉しそうに、砂だらけの両手を広げて「おとうさぁん」と駆け寄って来たのに気付いて、マカベさんはこう怒鳴ったという。

「近づくな！　服が汚れるやろ」

次男は驚いて立ちすくんでしまった。

「でもな、ドド先生はすぐにはワシを、怒らんかったやろ。その話がドド先生の口から出たのは、ワシがちょっとは子育てについて考えるようになってからや。正直言うて、その話されるまで、そんなことまったく記憶になかったワ」

当時を思い出して、懐かしそうに話すマカベさんに、ドド先生は言った。

「三番目のサオリが不登校になったときも、マカベさんは大騒ぎしてたけど、私から見たら親も子もよう似てるなぁ、サオリはお父さん似やなぁて思って、別に心配してなかったけどな」

マカベさんは一見、芯が強そうに見えるのに、困難に出くわした時にぶつからずに避けてしまう弱さがある、とドド先生は指摘した。

「ほんまは、ちゃんとぶつからんから長引くんやと思うけどな。それでもマカベさん、今では『がんばれ』の重鎮になってるんやから、人生に少々何かあっても心配いらん、ていうことやなぁ」

その言葉には、さすがのマカベさんも照れたのか、返事はせずに苦笑いした。

✣大阪学保連三十周年記念の取り組み

そんなマカベさんの一番の印象的なエピソードは、一九九七年二月に催された大阪学童保育連絡協議会結成三十周年記念公演「学童保育ものがたり　泣いて笑って　きらめいて」である。

当時、「子育てをあんまり分かっていないおとうちゃん」として知る人ぞ知る「西淀のマカベさん」は、この取り組みを通して「成長した」、「僕らが育てた」と、学保連仲間では有名人（?）である。

それは、一九七〇年の結成から三十周年の節目を目前にして、その年に向けてみんなで演劇に取り組もうというものだった。関西芸術座から演出家に来てもらった以外は、出演を始め、脚本も舞台スタッフも全て、学童保育関係者が担当した。スタッフ十七名、キャスト十七名にエキストラ多数。

それと、文化コンクールの部として、六団体が太鼓や大道芸、劇などの発表をした。

演劇の内容は、大阪市内の「麦の子学童保育」を舞台に、年に一回の「学童まつり」の準備に追われる中での物語である。銀行マンで企業戦士の父と、小学校教師の母を持つ文香が主人公で、家庭不在の父に不満をぶつけ、共働き家庭のあるべき姿を問うた母に、現実は甘くない、それなら君が仕事を辞めろと父が言ったためにけんかになり、母は実家に帰ってしまう。文香が抱えていた、これまでの得体の知れない苛立ちが、それをきっかけに登校拒否という形に現れる。母の代わりに学童保育に顔を出すようになった父は、さまざまな親たちの生き方に触れて……、といった物語である。

その頃、四年生だったマカベ家の三人目、サオリは、何となく学校を休みがちになっていた。自分の中には自分なりの理想があるのに、それをうまく実現できないし、伝えることも苦手で、まわりに対して違和感ばかりを抱え込んでいた。理想といっても、具体的に自分は何をどうしたいのか、人に何を求めているのか、明確なわけではない。

ドド先生は、まず頭で判断しないで、とにかく身体を動かしながら考えろ、とサオリに言い続けた。彼女の中で、不安や怠け心、反発、自立心、それらがない交ぜになって空回りしているように見えた。

ドド先生は、「がんばれクラブ」で劇をする時は、いつもリーダーで頑張っているサオリを、この機会にと、主人公の文香役に推薦した。しょっちゅう学校を休んでいるサオリが、大勢のメンバーと一緒に稽古を積んで人前に出て、この役を演じ切ることで何かを感じてくれたら、という思いがあった。

そして、父マカベさんもこの際、演劇に参加してもらおう、ということになった。娘と一緒に稽古に通えば、わが子と向き合う時間が出来るし、学童保育の世界に入れば、自らの子育てについて、ゆっくり考えるきっかけになるかも知れない。

だんだん家にこもりがちになって、外出しづらくなってきていたサオリだったが、毎回、父と一緒に練習会場に通った。サオリは思春期に入って、以前に増して父と口をきかなくなっていたし、父から見ると空想に浸りやすい子で、何を考えているのかさっぱり分からないしで、父にも当然、不安があった。が、途中で腹ごしらえに、とファストフード店に入るのもサオリにとって大きな楽しみとなり、一緒に食べながら自然に会話が弾んだ。

しかし、稽古が進むにつれて、セリフや進行などに対するサオリなりの不満が、胸の中にふくらんでいく。途中で投げ出したりするなよ、まわりに迷惑かけるからと、マカベさんは娘を励ましながら通い続けた。

そんなある日曜日、マカベさんはどうしても仕事で稽古に行けなくなり、心配ながらも娘を一人で行かせた。その日の夜、さっそく聞いてみると、意外にも娘は平然と、「お父さん、電車乗り換えるの、案外簡単やったワ」と答えた。

それ以来、何となくマカベさんは道中の娘の様子が楽しそうでないのを感じ取る。しかも稽古の前日には、「お父さん、明日の稽古も行くの?」とたずねるようになった。

〈あんなにずっと、楽しそうにして一緒に通っとったのに、なんでや?〉

マカベさんは、思い切ってドド先生に娘の様子を聞いてみた。すると、

「最近、お父さんがめちゃめちゃ優しいから気持ち悪い、て言うてたで」という返事。

自分が行けなかった稽古の日の様子を、演劇仲間から聞くと、こちらも、「お父さんと一緒に稽古してる時より、声がよう出ていい感じですよ」とのこと。

マカベさんは、家では文句を言いながらも、一生懸命稽古している娘の様子を思い浮かべて嬉しい反面、ちょっと不満も残るのだった。
〈こんだけ、娘に気ィつかってるのに、何やねん〉と。

この取り組みに参加して、マカベさんが一番驚いたのは、学童保育の指導員たちが本当に楽しそうに汗を流している姿だった。

それまで学童保育は、放課後、子どもを預かって一緒に遊んでくれる所という程度に思っていて、女性の仕事と決めつけていた。それが、若い男性指導員たちがこんなに大勢いて、演劇の成功を目指して一生懸命になってやっている！

そこで、長男が「がんばれクラブ」に通っていた頃の出来事をふと、思い出した。学校に行けないのなら、学童も辞めてしまえ、と言ったら、子どもたちが「辞めさせないで」と手紙を書いてきたことだ。

書かれていた文面は、もう忘れてしまったけれど、もし今、それを読んだらきっと、忘れないだろうと思った。

✣ヨシヒロという子

ヨシヒロは、「がんばれクラブ」がこれまでの三年保育から、六年保育に切り替わって、初めて六年生で卒所した子どもだ。その年はヨシヒロ一人だけだったが、翌年には五人が六年生で卒所した。

当時の教育界は、「どの子もできる」というのが合い言葉になっていて、専門誌の見出しにその文字を見ない号はなかったくらいである。それはたしか、子どもの潜在能力はもともとどの子にも備わっているのだから、その素晴らしい力を引き出し、発揮できるよう導くのが大人の務めだ、という考え方だった。

しかし、ドド先生自身は、全員が何もかもひと通り出来ることを目指すことが本当にいいことなのか、疑問に思っていた。また、当時の父母の意見も、「生活できる力を身につけてくれればいい」派と、「宿題くらいは必ずさせて、勉強する習慣をつけてほしい」派に、大きく分かれていた。

人には誰しも個性というものがあり、得手不得手がある。一番大事なことは「得手」を伸ばす手助けをしてやることではないのか。そこから自信を得て、これからの人生を勇気をもって生きていく力を身につけることが、何より大切なのではないか、とドド先生は考えていたのだった。

ヨシヒロの母は、高校卒業とともに、集団就職で大阪にやってきた。そして、故郷と大阪のあまりの環境の違いに大きなカルチャーショックを受けた。

彼女の実家では、家族が食事の時に座る位置まで決っているなど、生活の中に、昔の家父長制度が色濃く残っていた。そして両親からは、どんな環境に置かれても、人間は文句を言わずに順応することが大事だと教え込まれてきた。だから、それが当たり前の中で育ってきた。

ところが、都会の人間は、表面的には要領よく相手に合わせながら、結局は、自分のやりたいことだけやっているように見えた。

子育てにしても、考え方の違いに戸惑った。自分の子ども時代を思い出し、子どもは子ども自身で育っていくものだと思っていた。忙しく立ち働く両親からは、ろくに構ってもらえなかったが、それでも、叱られたり手伝わされたりしながら必要なことを覚えて、一生懸命今日までやってきたのだ。親が真面目に働いている姿を見せていれば、子どももちゃんと成長すると考えてきたのに、まわりではやれ勉強だ、習い事だと、四六時中子どもに構う親が多かった。

彼女は当時、それまで職場になかった労働組合を立ち上げようとする動きの中で、リーダーの女性社員から白羽の矢を当てられ、彼女の補佐役に抜擢された。ヨシヒロの母自身は組合活動について何ひとつ知らなかったが、持ち前の意欲でとにかく頼まれたからには、と頑張ってきた。そして、いつの間にか頼られる存在として、組合活動のカナメを握る存在になっていった。

一方、ヨシヒロの父も、別の会社で組合活動に力を入れていた。組合関係の集会や交流会を通して二人は出会い、やがて結婚した。

ヨシヒロは、運動神経は抜群ですばしっこく、「がんばれクラブ」でも遊びのことになると人一倍、機転が利いた。自分なりに工夫したり、ルールを考え出してうまく遊べるようにしたりする力はたいしたものだと、ドド先生はいつも感心していた。

しかしヨシヒロには、いつも肝心なところで自信なさそうに引っ込んでしまうところがあった。もっと自己肯定感をもてれば、充分遊びのリーダーとして活躍できるのにと、もどかしい思いで見てきた。彼は、他人に対して自己表現することも苦手だったので、ドド先生にとって、特に気がかりな子どもの一人だった。

高学年になると、学校で友だちをからかったりいじめたりしていたが、学童保育が心のより所になっていることを強く感じさせる子だった。

ある日、ヨシヒロが怪我をした子猫を拾ってきた。そして、「がんばれクラブ」で飼うのだと言う。学校からの帰り、道端に捨てられて鳴いているのを見過ごせずに、「がんばれクラブ」に持ち帰ってしまったのだった。

どうしようか、思案はしたものの、みんなで話し合って決めることにしたところ、ヨシヒロの気持ちに共感したみんなは、飼うのに賛成だというので、しばらく敷地内で飼っていた。子猫はみんなに可愛がられて、「がんばれクラブ」のアイドルになっていたが、しばらくして突然、いなくなってしまった。ヨシヒロは子猫に自分の淋しさを重ねていたのかも知れないと、熱心にえさをやっていた彼の姿を思い出して、ドド先生はふと思った。

「がんばれクラブ」の保育が、それまでの三年保育から六年保育に切り替わったのは、高学年こそ仲間のいる学童保育が必要になってくる、というドド先生の強い提案があったからだった。それまでは父母たちの共通認識として、四年生になれば学童保育は要らないと思われていたが、ヨシヒロが六年生まで辞めずに続けたことが「がんばれクラブ」の高学年保育の先例となって、みんなの意識を変えるきっかけになった。

一年生は、保育園の延長でまだまだ幼く、二、三年生は友だちと仲良く遊ぶことが大事で、遊びを楽しむ中でいろんなことを吸収していく時期。何よりも、身の安全や健康管理に気をつけていなければならない時期である。

しかし、高学年になると、少しずつ自我が芽生えはじめ、自分一人では対処し切れない内面の葛藤が生まれてくる。その葛藤と、どう向き合うかという時期に、信頼できる仲間や、導くべき年長者の存在が大事になってくる。

しっかりしてきたから、親の留守も任せられる、という理由で学童保育を辞めさせる父母も少なくないが、本当は、そうではないのである。

そんな確信は、ドド先生が指導員という職業を通して自分の小学生時代のことを振り返るなかで生まれ、「がんばれクラブ」開所当時から、父母会や指導員研修で繰り返し主張してきたものだ。公には、同じ趣旨のことが厚生労働省の雇用均等・児童家庭局育成環境課から、二〇〇一年十二月二十日付課長通知として打ち出されている。

つまり、「放課後児童クラブ」の対象児童は、おおむね十歳未満と規定されているが、昨今の子どもをめぐる状況を考えると、高学年の居場所や異年齢のつながりも大事であり、高学年児童の受け入れを積極的に図ってほしい、というものである。

ヨシヒロは、学校では自分のことをからかった相手と喧嘩して、いやな気持ちになっても、「がんばれクラブ」に来れば、自分を分かってくれている友だちが何人もいるということが、心の支えだった。ところが、中学に入って学童保育という場を失うと、ヨシヒロは元気をなくしていき、クラスの中でも急速に存在感が薄れていく。それまでいじめていた子から逆にいじめ返され、孤立感を深めて、中学二年生頃から荒れ始めた。

その後、何とか高校に入学するが、三日で退学してしまった。それから数年間は、仕事を見つけてはしばらくして辞めるという繰り返しで、仕事以外に家から出るのは、夜間にコンビニに立ち寄る程度。学童仲間とのつき合いすら途絶えてしまう状態だった。

母にとっては、わが息子がいい年をして、まだ親がかりで家にいること自体が理解できなかった。自分は、十八歳で一人、大阪に出てきて働き始めたというのに。

そんなある日、地域の祭りの日に、ヨシヒロが屋台でたこやきを焼いている姿を見かけた人がいて、その噂が、心配していた学童仲間や父母たちの耳にも届いた。当時ヨシヒロの両親は、彼が辞めずに働いているのは嬉しいものの、その仕事には不安を持っていた。話を聞いたマカベさんは、彼が自分で決めて頑張っているなら、今はそれでいいじゃないか、いい仕事仲間に恵まれたのだろう、と両親を励ました。

それから、親子の会話もほとんどないまま、ヨシヒロが二十歳頃、両親はある日突然、彼から同級生と結婚すると聞かされた。そして、それを機に彼は実家を出て、同じ校区内のアパートに引っ越して行った。

母は、息子の新居があまりにも近いので、どうせならもっと遠くで独り立ちすればいいのに、と思いつつも、これでやっと息子も自立するのかなぁ、と期待した。しかし、あまりに若い結婚は長続きせず、数年後、ヨシヒロは離婚し、幼い息子を抱えて実家に戻って来た。

学童仲間とのつき合いが希薄になっていってからも、ほんの時たま、ヨシヒロは気まぐれに「がんばれクラブ」を訪れていた。そして、ぽつぽつ自分のことを問わず語りに話しては帰っていったものだが、そのときも、彼はふらっとやってきた。

ドド先生が、元気のない彼に「奥さん元気?」とたずねると、離婚したから実家に帰って来た、と素っ気なく答えた。

そういえば、いつものように突然顔を出して、こんなことを言ったことがあった。

「どこにいても、いつも『自分』を守るために頑張ってなあかん、ていう感じやった。そやけど、学童に来たら、自然な気持ちで『みんな』ていうふうに考えることが出来たんや。鈍くさいオレのこと、それで馬鹿にするヤツもおらんかったし。いつも『みんな』やった」

✣「がんばれクラブ」十五周年記念

ヨシヒロが舞い戻ってからの母は、仕事や組合活動に加えて、彼の仕事探しの手伝い、孫の面倒と、何かと気ぜわしい毎日を送っていた。そんな頃、「がんばれクラブ」が十五周年を迎えたのだった。十五周年の記念行事は、その行動力と統率力を買われたヨシヒロの父が実行委員長を務めた。

子どもの保育園時分は、主に母が保護者会の仕事を引き受け、学童関係の活動は、主に父が担当するという役割分担でやってきた。だから、母はあまり学童保育のことを知らずにきた。学童は、放課後に親になり代わって宿題をさせ、生活に必要なしつけを身につけさせてくれればいい、と考えてきた。

そんな母が、学童保育を本当に理解する機会になったのが、この記念行事だった。

当日は、緑陰道路の中ほど、「がんばれクラブ」から歩いて二十分くらいのところに建つ公民館のホール、「エルモ西淀川」が会場となった。ステージには、「がんばれクラブ十五周年記念の集い　輝け学童っ子」と大書された横断幕が吊るされた。

ステージで記念式典が行なわれ、「がんばれクラブ」十五周年と同時に、「がんばれクラブ」指導員十五周年のドド先生も表彰され、ドド先生は、表彰状と一緒に両手いっぱいの花束や花かごを受け取った。

ホールの客席は、テーブルと椅子が並べられてパーティー会場に変身し、子どもたち、父母、OBの親と子、お祝いに駆けつけてくれた関係者たちが一同に会して賑やかだった。

とりわけ、式典のあとの出し物が目白押しで、笑い声が絶えなかった。

子どもたちが、それぞれ希望のグループに分かれ、リコーダーの演奏、合唱、ケン玉やコマ回しの腕を競い、女の子たちのグループは、自分たちでテープに録音した曲に合わせてダンスを披露した。六年生だったサオリも、ダンスグループに入って踊った。それにOBの出し物として、バンドを組んでいる仲間が集まって、会場を大いに盛り上げた。

「今どきの子どもらが集まって、親の前でリコーダーの合奏とか合唱の発表するなんて、いかにもかっこ悪い感じやと思わん？　そやのにそれを、みんな真剣にやってるんやで！　私、おかしくて涙が出たわ」

と、ドド先生はその時の様子を学保連の仲間に話した。聞いていた指導員たちも、それぞれの保育現場で似たような感動を体験してきている。〈子ども相手の仕事は、ホンマ、深みにはまっていくワ〉と改めて思うドド先生だった。

そして、マカベさんも編集委員の一人に加わって、記念文集『ガンバレ〝十五の春〟だおめでとう！』が、発行された。当時の子どもたち、父母、OBの親と子、今までに「がんばれクラブ」でアルバイトをしたことのある青年たちから寄せられた文章、学保連や大阪市連協からのお祝いの言葉で彩られている。

中学三年生のOBが寄せた文章が、傑作である。

〈ドドがいとうまみこだと知った時はたじろいだ。

ドドはペルー人で四歳で来日。六歳で日本語を完全にマスター。八歳で本屋に憧れる。十三歳でつかこうへいのオッカケをし、十七歳で学童の指導員を志す。

そして、夢もかない、ペルーから両親を呼びよせ、日本人の男性と結婚もし、二児の母となったと、ばかり思っていた。

しかし、今から六年前の当時九歳だった僕は、しょう撃の事実を発見したのであった。

その日は水曜日で、月の初め頃で八十円かどうかを調べるために、表を見るとそこにはこぉ書かれていた。「指導員　いとうまみこ」

最初見た瞬間は（新しい人が来るんかなぁ）と思っていた。しかし、このコトをドドに聞いてみると、「これ私よ」と返ってきた。

そのとき僕はもぉ学童を飛び出して、淀川に向かっていた。その後のことは記憶にない。

こうして、ドドは日本人で、「ドド」とゆう名はニックネームとゆう真実を知った。

学童も、創立十五周年で僕も誕生十五周年とゆうことで、ドドとゆうあだなに変えて、新しく僕が、考えたあだ名を発表したい。

いとうまみこのままをとってポポにします。〉

そして次は、二五歳の社会人ＯＢの言葉。

〈のろくてもいいじゃないか
新しい雪の上を　歩くようなもの
ゆっくり歩けば　足跡が　きれいに残る〉

十五周年記念行事は無事、閉会し、夕方から場所を替えて二次会をもった。会場は、いつも父母会やちょっとした交流の場に活用している、駅前の居酒屋だった。現役とＯＢの父母たち、子どもたちが三々五々集まり、「親テーブル」「子テーブル」に分かれてそれぞれ座った。

ヨシヒロの両親も席に着いた。しかし、予想した通り、ヨシヒロの姿はなかった。

ドド先生の提案で、「子テーブル」から一人ずつ、「親テーブル」に紹介することになった。まず、ドド先生が学童での様子を交じえて紹介し、それに続いて子どもが自己紹介をした。父母たちは、「がんばれクラブ」の「わが子」たちを一人ずつ野次とジョークで迎えながら、それぞれの成長に目を細めた。

その時、子テーブルの隅っこで数人が何やらごそごそやっているのを、ドド先生は目の端でとらえていた。耳をそばだてると、ヨシヒロの名前を言っているのが聞こえ、「携帯に電話せえ」とか何とか小声で言い合っているようだ。

どうやら、ヨシヒロと仲の良かった男の子たちが、彼と連絡を取ってこの場に来させようとしているらしかった。それから、実際に電話してみたようだが、留守番電話につながったようで、伝言を入れている気配が伝わってきた。しかし、ドド先生はあえて知らん顔をしていた。

親テーブルでも、「ヨシヒロ、今日は来いひんのかな?」と、さりげなく話題が出されたが、両親は言った。

「あの子も誘ってもらったみたいやけど、今さらよう顔なんか出しませんわ」

その間も子どもの自己紹介は続き、そろそろ全員終わるという頃、さすがにみんなそわそわし始めた。ヨシヒロ、来るんやったら早よ来いよ、と。

そうこうしていると、不意に店員が出入り口に向かって「いらっしゃ〜い!」と声を掛けた。みんな、はっとして一斉に声が飛んだ方向へ顔を向けた。すると、ヨシヒロがぼうっと戸口に立っていたのだった。

「ヨシヒロ！　こっちや」と手を挙げてドド先生が叫んだのをきっかけに、弾けるように子どもたちも親たちも歓声を上げた。拍手に包まれて、久し振りにヨシヒロがみんなの前に姿を現したのだった。

小学校を卒業してからは、見かけるといつもダボダボの迷彩色の服を着ていた彼は、その日はきちんとしたワイシャツにネクタイまで締めていた。

「さあ、あんたも自己紹介しぃ」と、ドド先生は、渋るヨシヒロの背中を押して、親テーブルへと連れて行った。そして、他の子と同様、紹介を始めた。

「ヨシヒロは、一見おとなしくて地味な感じやったけど、なんと言っても遊ぶことにかけては天才やったなぁ」。そして、「ほら、あんたも何か言い」と、促した。

みんなは、じっとヨシヒロを見つめていた。彼は、照れたような困惑したような様子でうつむいていた。

しばらくの沈黙のあと、蚊の鳴くような声で、ヨシヒロが友だちに言った言葉は、

「……おしぼり、持ってきて」

友だちから受け取ったおしぼりで顔をごしごしこすってから、ようやく彼は顔をあげた。

その顔は涙でぐしゃぐしゃになっていたのだった。

「オレ、帰って来たから。……また、よろしく頼むワ」

それだけ言うのが精いっぱいだった。みんなは、泣きながらヨシヒロが「がんばれクラブ」の仲間のもとに戻ってきたことを喜び合った。両親の肩をたたき、マカベさんは言った。

「よかったな！　ヨシヒロはいつの間にか、一人前に育っとるやないか」

両親は、思わず「ありがとう」とみんなに言った。あれほどまわりに心配をかけてきたわが子が、十五周年の行事も終わったあとでひょっこり現れたのに、みんな、涙を流して喜んでくれている。手のかかる頼りない息子だと思っていたのに、こんなに人から愛されていたなんて……。

母は、「がんばれクラブ」で育ってきた子どもや父母のつながりの深さを、初めて知った気がした。

✣ガラス割り事件

「がんばれクラブ」の前の道は、周囲の会社の通勤時間を除いては、めったに車は通らなかったが、時々大型トラックや通り抜けの車が通る。道路で遊ぶのは、「がんばれクラブ」のきまりで固く禁止されている。

それは、いつものように子どもたちが思い思いの遊びを楽しんでいる時だった。

突然、向かいの自動車部品会社の人が玄関から荒々しく呼びかけた。

「すみません、先生いますか！」

その頃はちょうど、パートナーの指導員が産休中で、ほとんど毎日ドド先生ひとりで保育をしていた。てんてこ舞いのドド先生が、〈忙しいのに、何かなぁ〉と対応に出ると、その男性は怒りをあらわに「ちょっと来てくれるか」と強い調子で言った。直感的に、何かまずいことが起こったかな、と思ったので、とにかく「はい」と外に出た。

行って見ると、部品会社の事務所のガラスが割れて、破片が散らばっている。社員の視線が、一斉にドド先生に注がれ、身の縮む思いで事務所に入った。

「仕事してたら、いきなり目の前に石が飛んできてガラスが割れたんで、びっくりしましたわ。それで、外見たら公園のほうに四、五人の子どもらが逃げていくのが見えたんや。お宅のところの子どもに間違いないで」

「すみません、ほんとに申しわけありません。ガラス代は弁償しますので……」

「ガラス代はもちろん、払ってもらうけど、まぁ、うちの出入りのところに頼んだらよそよりは安うで替えてくれるやろから、また、請求書は届けますわ」

「はい、そうしてください。本当にすみませんでした」

ドド先生は平謝りに謝った。

そして、その足でロケット公園へ向かうと、入り口付近に一年生五人ほどがそわそわしながら立っていた。その子たちに尋ねた。

「前の会社に石投げた子、おる？」

しかし、子どもたちは反応を返してこない。

とにかく、その子たちを連れて「がんばれクラブ」に戻り、みんなを育成室の机のまわりに集めた。さっき、ドド先生が向かいの会社の人について出て行ったのを知っている子は、みんな何とはなしに緊張していた。

「前の会社に石投げて、ガラス割った子がおるんや」

すぐに六年生のシンジとツヨシが聞き返した。

「なんで、学童の子がやったて分かるん?」

「おっちゃんはな、窓の外見たら小さい子どもが公園のほうに走って行くのを見たんやて。それで、さっき公園の入り口のところにいた一年生を指して、あの子らだった、て言うてはるねん」

みんな、静まり返ってドド先生の話を聞いていた。

「おっちゃんらはな、学童保育の子どもやていうことは分かっても、一人ひとりの見分けがつくわけやないから、誰か一人がやったことでも学童保育の子、全員がやった、て思わはるんやで」

シンジが、「わかった」と返事すると、いきなりツヨシがみんなに向かって聞いた。

「おい、お前らの中で会社に石投げたやつ、誰や」

しかし、返事はない。二人は続けた。

「考えてみい。いきなり目の前に石が飛んできたら、めちゃくちゃビックリするやろ?ガラスも割れたんやから、怒るに決まってるやろ」

「ガラスが割れて、まわりに飛び散ったら仕事も出来ひんようになるし、第一もうちょっとで怪我するところやったかも知れへんのやぞ」

「石は投げたらあかん、て決まってたやろ！」

「お前らの誰かがやったことは、わかってんねん」

ドド先生以上に、二人は本気で怒っていた。

しかし、二人の怒りに圧倒されて、ますます怖気づいたのか、声をあげる子は出てこない。重苦しい沈黙のうちにとうとうじれったくなったツヨシは、

「分かった。お前らが何も言わへんのやったら、オレらが謝りに言ってくる」と、シンジに「行こ！」と合図して外へ飛び出して行ったのだった。

静まり返ったままの育成室をそのままにして、ドド先生も二人のあとを追った。


「すみませ〜ん」と、シンジ。中からさっきの男性が出てきた。

「何や」と恐い顔で聞かれて、二人は緊張しながら声をそろえて言った。

「さっきは、石を投げてすみませんでした」

深々と頭を下げている二人の姿を後ろで見ながら、ドド先生は胸が詰まった。

「何や、ガラス割ったのはお前らか？」

「そうです。すみませんでした」と言う二人に、男性は室内を見せて言った。

「石が急に飛んできたんやで。誰も怪我せんで良かったけど、みんな仕事にならんて言うて困ってるんやで」

「はい……」

「君らも、もう大きいんやから分かるやろ、石投げたらどうなるかていうことぐらい。もう二度とこんなこと、したらあかんで」

「はい」

二人は何度も謝り、男性は「うん」と言って許してくれた。

二人が会社を出て行ってから、ドド先生は改めてその男性に頭を下げた。

他の子どもたちは、育成室でさっきの状態のまま静かに待っていた。ドド先生は、二人は代わりに謝りに行ってくれたのだと説明した。そして、念を押した。

「道路で遊んだらあかん。石は投げたらあかん。このこと、絶対守ってな！」

みんなは、神妙な表情でうなずいた。

「おっちゃんたちは、石投げたことは許してくれたけど、ガラス代は弁償せなあかんねん。どないする？」

「ガラス代て、なんぼ？」

「あのガラスな、中からは見えるけど外からは見えへん上等のガラスやからな。安うしてもろても、四万円やて」

「四まんえん～？」

すると、子どもたちの中から声があがった。

「お金、貯めたらええやん」

「どうやって貯めるん？」

二、三、意見が出て、それぞれに賛成の子どもの手が挙がる。

そんな中でシンジが「アルミ缶集めがええやん」と言うと、たくさんの手が挙がった。

多数決でそれに決定。その日から子どもたちはアルミ缶集めに取り組むことになった。

楽しそうなイメージを抱いて、みんな喜々として始めたが、実際には集めた缶が放つ臭いは強烈だし、飲み残したままの缶の扱いもやっかいだった。洗うのがまた一苦労。しかも、張り切りすぎて自動販売機の横のごみ箱を倒したまま、元に戻すのを忘れたり、アルミとスチールをていねいに仕分けした袋を、その場に置き忘れて帰ってしまったりと、缶集めに歩いたあとには苦情のタネが落ちている、といった具合だった。

しかし、結構大変な労働ではあったが、子どもたちは班対抗で集めた数の競争を楽しみながら、収集もはかどっていった。

もうひとつの稼ぎの手段は、「さそりの標本」である。地域の祭りや集会には必ず、みんなでいっぱい作って売りに行った。それは、五円玉に二本の輪ゴムを通し、ボール紙で作った四角い枠の上下に穴をあけ、それぞれ輪ゴムを固定する。五円玉をくるくる回して輪ゴムを巻き、その状態でしっかり押さえながら、紙に折りたたんで包んだもので、その紙にはおどろおどろしい文字でこう書かれていた。

【猛毒を持つさそりは、命を絶たれても百年も毒を持ち続けるという……】

おそるおそる紙を開けてみると、五円玉が弾けてパラパラっと鳴り、その音にびっくりするおもちゃである。ペンでなるべく恐ろしげに売り文句やさそりの絵などを描き、五円玉と輪ゴムとボール紙だけで出来る、いとも簡単なおもちゃである。しかし、わかっていてもこれが結構、驚いてしまうのだ。

そうして夏休み中、子どもたちはせっせとアルミ缶を集め、さそりの標本を作っては売りに出かけた。

実際にガラス代を支払ったのは父母会だったが、貯まったお金は一万円近くにもなった。

✣これからの「がんばれクラブ」

「大人も子どもも、今を輝いて生きること、それが一番大事やねんで！」

それは、ドド先生の口癖である。今、この瞬間を生きること。人生はその連続なのだから、今をしっかり生きられなければ、未来を生きることも出来ない、と。

二十年近くもこの地、西淀川区姫島で学童保育の指導員をやってきて、ドド先生が思うのは、「がんばれクラブ」のOBたちは、みんなすごく不器用だし苦労もしているけれど、自分に正直に生きているということ。

そして、十代や二十歳そこそこの若さで結婚するケースが他所よりうんと多かった。

ここで、大勢の仲間に囲まれて生活し、「家族」のぬくもりを知って卒所していく子どもたち。自分も早く温かい家庭を築きたいという願望が強くてもおかしくはなかったけれど、しかし早く結婚して年若いうちに離婚してしまうケースも多いのだ。

そんな時の相談相手は、やっぱりドド先生だった。その他にも、就職や転職、恋愛、何だか分からないモヤモヤまで、ＯＢたちは人生に行き詰まると、ドド先生の携帯電話にメールや電話を入れてくる。

「ドド、明日の夜、あいてる？」

〈毎日、馬車馬のように走り回ってるのに、身体がなんぼあっても足りんワ〉

そう思いながらも、「じゃあ、六時半にこないだの店で」などと返事している自分がいる。

時々、北海道へ行った女の子からも連絡をもらう。一途な思いで家を飛び出したものの、彼氏と別れて一人、北海道で子どもを生み、育てている。だいぶ前に指導員研修で真冬の北海道へ行った時に、めったにない機会だからと連絡を入れたら、子どもを抱いて雪の中を駆けつけてくれた。

そんな彼女はこれまでずっと、「私は北海道を離れない」と頑張ってきたが、子どもが大きくなるにつれ、こんな言葉を口にすることが増えた。

「この子も、小学校へ行ったら『がんばれ』で育てたいな」

不登校で、中学校にはほとんど行かなかったサオリは、映画好きのドド先生と趣味が合った。中学生のときに、ドド先生に梅田に誘い出されて、一緒に朝一番の映画を見た記憶がある。本当は、沖縄の映画『ナビィの恋』が目当てだったが、モーニングのプログラムは昼間と違っていたので、まぁいいか、と全然知らないベトナム映画『季節の中で』を見た。

そのあと、ドド先生は「がんばれクラブ」に直行し、サオリは梅田に残された。

「しばらく、町をうろつくとええワ。ゆっくり楽しんでから帰りや」

ドド先生は、学校に行かないで家にいる子を、映画に連れ出すことに迷いがないでもなかったが、これはサオリの社会復帰に向けた、一種のリハビリだと考えたのだ。

サオリも、小一時間ほどウロウロして、ハンバーガーを食べて帰ってきた。あの時、どうだった？　と聞かれても、「別に……」としか答えない。それでも、映画の名前はちゃんと覚えていた。

ＯＢたちが、とっかえひっかえ連絡してきては悩みや不安を話すたびに、ドド先生はこうハッパをかけている。

「いつまでも、おんなじことで悩んでるのは、悩み方が中途半端やからや。だらだとムダな悩み方せんと、何かひとつでも分からんかったことをつかむまで悩み抜け」と。

しかし、いつまでもこだわりを捨てきれないと言う子には、それでいいと励ます。

「こだわることによって、人間は磨かれていくんやで」

そして、それらの言葉はすべて、ドド先生自身にはね返って自らを励ますのだ。

ある時は、「高校を辞めてしもた」と報告に来た子がいた。その子は、何度も考えた末に、辞めるという答えを出した。自分で決めたその答えは、間違っていないときっぱり言える。しかし、確信と背中合わせに強烈な孤独も感じていた。それで、ドド先生に報告せずにはおれなかったのだ。

ドド先生は、その頃ちょうど自分の保育方針に自信を失いかけていたのだったが、彼にこう答えた。

「自分がそれでいいと信じることをやればいい。あんたはあんたらしく生きていけばいいんや」

そう言ってやりながら、実は心の中では「私も私らしく生きるワ」と、逆に勇気をもらっていたのだった。

マカベさんは、父母会長の役を降りてからも、以前と変わらず、ドド先生のよき理解者であり、支えである。マカベさんは最近、よくドド先生に熱っぽく語ることがある。

「ワシらやドド先生が、『がんばれ』の良さを分かってるだけでは、あかん。組織っちゅうのは、財産をちゃんと引き継いでいかんとあかんのや。これからの父母や子どもたちにも、『がんばれ』の楽しさを味わってもらいたいんや」

そんな時、よく出るのが、現在、住吉区で指導員をしているコバヤシさんの名前。「がんばれクラブ」で育ち、ドド先生に感化されて福祉専門学校に進み、卒業後は指導員の道をまっすぐ進んできた人だ。「がんばれクラブ」時代は、スポーツに室内遊びに友だちづくり、何でもこなす「優等生」だった、というのが、ドド先生の印象である。

コバヤシさんは、彼がまだ専門学校生だった時に、ドド先生も参加している西淀川区の市民団体「子育てと教育を考える西淀川ネットワーク」（通称、西淀子育てネット）機関紙のインタビューで、「がんばれクラブ」やドド先生の思い出と、指導員を目指している自分の抱負を語っている。

どんな大人になりたいですか、という問いに、彼は「カッコいい大人になりたい」と、答えている。「がんばれクラブ」に通っていた当時から現在につながる「自分」というものを大切にして、これからさらに経験を積み重ねながら、いつも「カッコいい」と思える自分でありたいと。

ところでマカベさんは、ついこないだ自分のお祝いをするとかで、自ら招集をかけて父母やOBを集め、いつもの駅前の店で飲み会をやった。何のお祝いかというと、今の仕事に就いてから勤続十周年を迎えたという。

本当に、人というのは、人の間で変わっていくものだと、ドド先生はつくづく実感する。自分自身は、学童保育という、生身の人間同士のぶつかり合いが求められる過酷な職場で、もう二十年頑張っている。

しかし、過酷な中にも子どもたちや父母が輝く姿を、数え切れないほど見てきた。おそらく自分も、幾度となく輝く瞬間があっただろう。人は、たとえそれがわずらわしかったり、しんどかったりしても、こうして人にもまれ、刺激を受けながら生きる力を蓄えていくのだと思う。

この先は、どんな歴史を刻んでいくのか、もうすぐ二十周年を迎える「がんばれクラブ」

と、自分の「これから」について、未知への期待をこめ思いをめぐらすドド先生である。

執筆を終えて

学童保育を描いたはじめての劇映画「ランドセルゆれて」は、この後の大阪学童保育連絡協議会・前田美子副会長の〈解説〉にあるように、大阪の学童保育運動が母体となって、二〇〇三年二月、中山節夫監督と関西プロデュースセンター・寺島鉄夫氏の製作で完成した。そのシナリオの原案を作成するという大役を中山監督から与えられたのがきっかけで、私は「ドド先生」――「がんばれクラブ」の指導員、伊藤真美子さんを取材させていただくことになった。

ない智恵をしぼり出して苦闘の日々。あとは脚本の横田与志さんが何とかして下さる！と、胸を借りてどうにか原案を届ける。横田さんご自身も何度も大阪に来て取材され、やがて脚本が完成。夏休みの撮影を控え、実際に大阪の学童保育に通う、あるいは通っていた子どもたちが出演するため、そのオーディションも行なわれた。

映画は無事、クランクイン。しかしここから、私は苦闘の第二ラウンドに突入することになった。というのは、これまでの取材をもとに本を書き下ろすことになったからだ。当初、思いもよらなかった私は、戸惑った。でも、「ドド先生」と同じく好奇心の強い私は、与えられたチャンスが目の前にありながら、通り過ぎることは出来ない。ともかく無手勝流に書いて出した。が、第一稿はあえなくボツ……。

取材のやり直し、書き直し。途方に暮れるとはまさにこのことだ。これまで学童保育についてほとんど何も知らなかった私が、学童保育の世界を本に書くことの意味は——?映画の原案を書いた時とはまったく異なる作業が、自分の中で始まる。再び、姫島に足を運んで伊藤さんに話を聞きながらも、自問を続けた。

しかし、そうするうちにいつしか「ドド先生」が自分の中で息を吹き込まれたように、子どもたちと一緒に動き始めた。私はキーボードでそれを追う。日ごとに、頭の中で展開される情景を文字にしていく作業が楽しくなり、自分の気持ちが「ドド先生」にどんどん重なっていった。初めての体験だった。

アニメ監督の宮崎駿さんが以前、ある新聞の対談で、「ひとつの地域性をとことん追求していけば、グローバルな普遍性に行き着く」というようなことを言われていたのを思い出した。私は、「ドド先生」に寄り添い、彼女の生き様を私なりに追求することで、多くの指導員の人たち、働く女性たちの姿を伝えること、そして、人と人のつながりにおいて今こそ取り戻したい風景を描き出すこと——それが、私が書く意味なのだと思った。

社会は確実に学童保育を必要としているのに、まだまだきちんとした位置づけはされていない。映画「ランドセルゆれて」とともに、本書を通じて、一人でも多くの方が学童保育に関心を寄せてくださることを願っている。

文中の人物名は、ドド先生（伊藤さん）と、そして〈解説〉を書かれた前田さん以外はすべて仮名とさせていただいた。

関西プロデュースセンターの寺島氏には原案の取材時からお世話になり、中山監督には経過報告をする余裕もないままにずいぶんご心配をおかけした。また飯塚直氏ほか高文研のみなさんには、文章で表現することの「いろは」から教わり、お導きいただいた。とんちんかんでスタートした私を最後まで見守ってくださり、ありがとうございました。

そして、大切な時間を何度も割いて、取材から資料集めまでご協力いただいた伊藤さん、大阪学童保育連絡協議会の前田さんはじめ事務局のみなさんや指導員の方々、「がんばれクラブ」のみなさんに、心よりお礼を申し上げます。

（二〇〇三年二月　八田　圭子）

学童保育がめざすもの

――大阪の学童保育の歩みから

大阪学童保育連絡協議会副会長
前田　美子

1　増え続ける学童保育と指導員

学童保育は、一九九七年、児童福祉法に明記された。その内容は「放課後児童健全育成事業」として、児童福祉法第6条の2第7項に次のように記されている。
「この法律で、放課後児童健全育成事業とは、小学校に就学しているおおむね一〇歳未満の児童であって、その保護者が労働等により昼間家庭にいないものに、政令で定める基準に従い、授業の終了後に児童厚生施設を利用して適切な遊び及び生活の場を与えて、その健全な育成を図る事業を言う。」

また、第21条の11には、「市町村は、児童の健全な育成に資するため、第6条の2第7項に規定する児童の放課後児童健全育成事業の利用に関し相談に応じ、及び助言を行い、並びに地域の実情に応じた放課後児童健全育成事業を行うとともに当該市町村以外の放課後児童健全育成事業を行う者との連携を図る等により、当該児童の放課後児童健全育成事業の利用の促進に努めなければならない。」と市町村が学童保育を増やすことの努力義務を規定した。

この法制化によって、学童保育は増え続けている。その数は、一九九八年＝九六二七、九九年＝一万〇二三一、二〇〇〇年＝一万〇九七六、〇一年＝一万一八三〇、〇二年＝一万二八二五と、五年間で三一九八ヶ所増え、法制化前の九三年から九七年の五年間の増加一五三二ヶ所に比べると、法制化後の五年間でそれまでの倍以上も増えたことになる。とりわけ二〇〇一年度は一年間で九九五ヶ所と、かつてない増加を示した。

しかし、全国の小学校区が二万三九六四校区あるのに対して、学童保育所はまだまだ圧倒的に足りない。事業を実施している市町村は全国三三四一市区町村の中で二一四七市区町村、全体の六六・二％にとどまっており、三分の一の自治体はまだ実施していない。毎年、保育園を卒園して小学校に入学する子どもは四一万～四二万人いる。学童保育に入所しているのは約一七万人で、約四割にとどまっているのが現状である。

公的な施設	学校施設内	5557か所	(43.3%)
	うち敷地内専用施設	2033	(15.6)
	うち余裕教室利用	3220	(25.1)
	児童館	2399	(18.7)
	その他の公共施設内	2461	(17.0)
合計		10417	(81.2)
民家・アパート		1179	(9.2)
法人施設内		807	(6.3)
その他		422	(3.3)

また、法制化されたとはいえ、保育所や学校のように職

必要な設備が整っていない
——設備の状況（設置されている割合＝%）
（1998年調査）

台所設備	64.3%
学童保育専用トイレ	48.5〃
学童保育専用の電話	75.2〃
かばん置き場（個人ロッカー）	95.4〃
手洗い場	85.7〃
足洗い場	53.4〃
静養できる部屋やコーナー	34.9〃
ホールなどの室内遊戯施設	43.1〃
冷蔵庫	85.0〃
クーラー	49.5〃
印刷機	29.8〃

員の配置や施設の基準などは全くない不十分な法制度であるため、全国の学童保育は自治体の施策によって運営主体の違いや開設場所、設備などさまざまであり、全体として貧しい実態に置かれている（前ページ表参照。『学童保育情報』全国学童保育連絡協議会、二〇〇二年一〇月）。

　学童保育が増え続けることは、当然のことながらそこで働く指導員も増え続けていることになる。先に紹介したように二〇〇一年度は一年間で学童保育は九九五ヶ所増えた。そこで新しく指導員として働く人たちは、一ヶ所二名が配置されたとして一九九〇人の指導員が増えたことになる。五年間を合計すると、ざっと六四〇〇人ほどの学童保育指導員が新しく増えたことになる。

　厚生労働省は「放課後児童健全育成事業について」のなかで、その活動内容について、①放課後児童の健康管理、②遊びの活動への意欲と態度の形成、③遊びを通しての自主性、社会性、創造性を培うこと、④放課後児童の遊びの活動状況の把握と家庭への連絡、⑤家庭や地域での遊びの環境づくりへの支援、⑥その他放課後児童の健全育成上必要な活動という六点を通知している（平成一〇年四月九日・一部改正平成一三年六月二五日）。

この活動内容だけでも、これを学童保育の現場で具体化し、実践しようとすると、指導員には相当の専門性が求められる。学童保育に通っている子どもは小1～6の異年齢の集団である。また、保育所と違って、学校から自分で学童保育に帰ってこなければならない。それだけに、子ども自身が毎日「ただいま！」と帰ってきたくなるような生活内容を創っていかなければならない。

ところが、二〇〇一年七月六日、政府が閣議決定した「仕事と子育ての両立支援策の方針について」は、「指導員は高齢者等の地域の人材を活用することを基本とする」としている。ギャングエイジと言われる学童期の子どもの成長や発達を、高齢者に委ねるだけでいいのだろうか。国の学童保育そのものの位置づけと認識は、あまりにも不十分だと言わざるを得ない。

2　戦後、初めて誕生した学童保育は大阪の地

今も存在する大阪市東住吉区にある今川学園で、戦後はじめての学童保育は誕生した。敗戦後まもない一九四八年のことである。

きっかけは、保育園を卒園した子どもが放課後、隣の家からお金を盗む事件を起こした。当時の三木達子園長は、昨日まで保育園児だった子どもが小学校へ就学したからと言って、長い放課後一人で放置することはできないと、制定されたばかりの児童福祉法（一九四七年）を生かして学童保育を設置された。このことが心ある社会福祉施設経営者に広がり、親たちの願いもあって、それぞれの民間保育園の卒園児を中心に放課後および長期休暇の期間に学童保育が開設され、今川学園も含めて今日まで継承されている。

三木園長は、大阪市の学童保育の発展のために大阪セツルメント研究協議会会長としても活躍された。三木園長は、学童保育の必要を次のように述べておられる。

「今年も四月がやってきました。四月一日は保育所を卒業した子どもたちが待望の入学式を迎える日です。指折りかぞえて待つランドセル姿を思う時、胸のふくらむ喜びを感じさせられます。がしかし、必ずしも手放しで喜べないお母さんがたくさんあることも事実です。両親とも外勤の家庭、眼のまわるように忙しい商売、家内工業や病人の看護と我が子の世話も思うように出来ないお母さんたち。保育所では五時、六時まで預かってもらって安心して働けたのに、放課後の長い時間や夏休みなどこれから先いったいどうしたらよいのか、どこへいって誰に子どものことをお願いしたらいいのか。うれしいはずの入学式が全くお先真っくらだと思案にくれるお母さんが毎年ふえるばかりです。子どもは年々歳々成長してゆきます。ゆがめられた心をなおすよりも、すくすくと健康に伸ばした方がどんなに楽しみであり、効果的かわかりません。母が安心して働ける場、子どもが楽しんで遊べる安全地帯を作ってやれるのは皆の責任です」(『学童保育――大阪市のあゆみと現状』一九六八年発行)。この三木園長の願いは今も変わらない。

大阪市の学童保育施策は、先の社会福祉施設経営者が学童保育への補助金を要求していた。親たちが作った共同学童保育と言えば、本書の「ドド先生」伊藤真美子さんが指導員をしている西淀川区ではじめてつくられた出来島共同学童保育、東淀川区東淀川団地学童保育の会、そして城東区すみれ地区学童保育の三カ所だった。共同学童保育の要求は大阪母親大会連絡会へ集約され、施設経営者とともに大阪市へ学童保育の補助金を求めて運動をおしすすめてきた。

大阪市は最初、共同学童保育は対象外としていたが、関係者の強い要望で共同学童保育も含めて一九六九年に現在の大阪市留守家庭児童対策事業が発足した。大阪市への運動は、補助金が実現したことにより、母体となっていた大阪市学童保育推進協議会は解散した。

一方、増えつづける共同学童保育は大阪市学童保育連絡協議会に参加し、補助金の増額、施設の確保、なによりも大阪市の責任で学童保育を設置してほしいとの要求運動を粘り強く続けている。大阪市にあっては、働きながら子育てをしていくために必要な学童保育は、働く親と住民が支える共同学童保育が担ってきた。大都市大阪市は四〇年近く大阪市の学童保育を守り、発展させ、子どもたちの放課後の生活を保障してきた共同学童保育を大阪市の責任で継承、発展させていくことが求められている。それは、戦後、先駆的に手がけてきた社会福祉経営者をはじめ、多くの市民の努力に対して責任を果たすことになるのではないかと考える。今後、大阪市が都市としてのグレードを高めるには、若い世代が結婚し子どもを生み育てていく条件が整い、ここに住んで働きつづけたいと思うことではないだろうか。

3　権利としての学童保育を求めて

大阪の学童保育運動は、一九七〇年四月、それまで旧文部省が実施していた留守家庭児童対策事業を廃止し、これに追随して大阪府教育委員会が府内市町村への補助金を打ち切ったことを契機に、いっそう高揚した。大阪では、高度経済成長政策の流れによって六〇年代の泉州沖の臨海開発など企業による公害が問題になっていた頃である。私はちょうど、兵庫県の瀬戸内に浮かぶ人口一万人ほどの家島から大阪に来たばかりであったが、当時の堺市の泉州沖の空は曇りでもないのにいつもどんよりとよどんでいた。これはなんなのだろう?と不思議に思った記憶がある。瀬戸内の家島もまた海が赤潮と化して、養殖のはまちが全滅になるというようなことが起こっていた。「喘息で修学旅行にも行けない」「きれいな空気を思いっきり吸いたい」「元気に生まれた赤ちゃんが『ぜいぜい』と苦しむ」そんな状況が大阪中を覆っていた。

そうした中、「公害知事さんさよなら・憲法知事さんこんにちは」との合い言葉が生まれ、一九七一年、黒田革新府政が誕生した。前年の七〇年に結成したばかりの大阪学童保育連絡協議会は、旧文部省が打ち切った留守家庭児童対策事業に対して地域の学童保育要求が大きく高まっていたこともあり、いち早く大阪府議会へ学童保育の予算復活の請願書を提出した。革新府政の公約でもあったことから、府議会は全会派一致して請願書は採択された。ところが、いよいよ施策が具体化されようとした時、府の教育委員会は、請願書が民生常任委員会で採択されたことと、学童保育は一度廃止した事業であるとして、その実施に大変消極的であった。私ははじめて参加した大阪府教育委員会との懇談で、つい昨年まで担当していた学童保育であるのに、どうしてこんなに消極的なのか、腹立たしい思いをした。

その後、大阪学保協と知事の懇談も経ながら、知事決済で大阪府教育委員会が再び担当することになって、翌七二年、「少年健全育成事業」が発足し、学童保育予算が復活した。大阪府の施策は学童保育の実施・運営主体は市町村であることを前提に、学童保育の運営にかかる経費は大阪府と市町村がそれぞれ二分の一ずつ分担するというものだった。

こうして、国に先駆けて大阪府の単独制度が確立した。当時は都道府県の独自施策は、東京都に次いで二番目だった。

大阪府の学童保育施策の特徴は、その実施・運営主体が市町村であったことから、公設公営型の学童保育を基本においたことであった。大阪府内には四四市町村があるが、父母が直接運営している共同学童保育は大阪市と河南町、能勢町、千早赤阪村で、そのうち公的施設も提供しないのは大阪市のみ、八割以上が公設公営の学童保育である。

大阪学保協は、公設公営の学童保育施策を発展、拡充させる運動を展開するとともに、大阪府へ補助金の水準を引き上げる要望をしてきた。その内容は、働く親の実態から、開設日数、時間の延長、指導員の身分保障の確立などであった。公設公営は保護者会もなく、要求運動をすすめる主体形成が困難だと言われている中でも多くのところで保護者会と指導員が共同して公設公営の学童保育施策の改善に取り組んできている。これは、私が長年事務局の仕事をしていて、大阪の学童保育運動を誇りに思うひとつである。

それに加えて、いまひとつ、大阪の学童保育は、大阪市における共同学童保育運動と府内の公設公営型の学童保育運動の双方が大阪学保協に共に参加し、大阪府内の公設公営の学童保育関係者は、施策は貧しいけれど父母、指導員が運営も含めて学童保育の内容を共に創造している大阪市の学童保育の原点を学びながら、公的制度を後退させることなく運動をすすめてきた。一方、大阪市の関係者は、大阪市の学童保育行政もいずれは大阪府内のように公的責任でもって実施されるようになるべきだと自らの運動の見通しや展望につなげてきた。大阪学保協は、学童保育は国、自治体の責任で実施させることを基本にしながら、大阪府内全体がそうした視野で運動を日常的に進めてきた。

学童保育には、二つの目的と役割がある。一つは、親が働きつづける権利保障である。二つ目は、子どもの発達保障である。二〇〇二年一二月一六日、大阪高裁で和解勝利をした住友生命ミセス裁判の原告の多くは、学童保育の元OBたちだった。住友生命が結婚を理由に席の隔離をしたり、退職強要、昇給昇格差別などに対して、「ミセスのどこが悪いねん！」と大阪地裁へ提訴し、既婚者差別は違法との勝利判決につづき、高裁での今回の和解勝利をかちとったのだった。彼女たちは結婚して、子どもを生み、育てながら働き続けたいと、人間として当たり前の願いを阻んでいるものに対してたたかったのだった。権利としての学童保育づくりやその運動と、連動するものだった。

4　子どもの発達を担う学童保育指導員

大阪学保協は、大阪保育研究所とともに指導員の専門性を明らかにしたいと、研究者とともに学童保育実践研究会を一九八〇年から開き、指導員が実践を報告し、その実践を討論しながらその分析をし、学童保育実践を高めていく取り組みを現在もつづけている。そうした中で、指導員の実際の業務はどのようなものがあるのか、その業務が日常的な生活のなかでどのような関連性のなかで行われているのかを明らかにする「学童保育指導員の業務に関する調査」を、大阪の指導員をはじめ滋賀、京都、兵庫の指導員の協力も得ながら実施した（一九九四年）。

指導員とともに出し合い整理した業務の内容は、六三項目にも及んだ。個別児童に関しては不登校などの子どもに対する援助、ケガの応急処置、通院、介助などの手続き代行、欠席児童の原因理解のための家庭訪問など八項目、保育指導の内容と指導では遊び（集団、自由を含む）はもちろん生活習慣に関する内容、スポーツ、行事、子どもたちの人間関係（けんか、仲間はずれなど）の指導、おやつの準備と指導、読み聞かせ等々一六項目、他機関に関しては一〇項目、学童保育所内外では出欠簿の記入、個別児童のケース記録、保育日誌、おたより、連絡ノート、保護者会参加の準備等々一七項目と多岐にわたる内容であった。

調査結果の特徴は、当然のことだが「遊びの指導」やそのための「保育の準備」に費やされる時間が最も多かったが、「個別児童の援助」「家族支援の業務」についても指導員の重要な業務内容であることが示された。調査結果は、子どもの家族の生活問題の認識と社会福祉援助といった視点からの個別の援助技術の専門性が要求されることが明らかになった。

二〇〇〇年六月に発足した学童保育指導員専門性研究会は、近畿圏の二府四県の指導員一二六七名の学童保育指導員を対象に学童保育指導員業務調査――判断の問われる場面と専門性――を実施した（〇一年八月）。その報告書のなかで植田章氏（佛教大）はこう述べている。

「子どもとの直接的な関係の中で問われる専門性のなかでは『遊びの技能』と『遊びを選択し構成する技能』が中核的な技能として位置づいていることが取り上げられた。また、それ以外にも文化的活動や基本的生活習慣の確立を通して『生活力』を養うこと。具体的には、学童保育では『生活づくりの活動と領域』と呼ばれるものである。手仕事やつくる活動、飼育・栽培活動、演劇や音楽絵画といった活動を通して子どもたちのより豊かな生活内容を創造していこうとするものである。さらに子どもの間接的な関係の中で問われる専門性――親、学校、地域といったなかにもいくつかの重要な柱があることが議論された。」（〇二年七月、学童保育指導員業務調査報告書参照）

以上の二つの調査報告を紹介したのは、学童保育指導員が子どもの現実から出発して、研修などを重ね実践を蓄積してきた中から実際の業務を創り出してきている事実を伝えたかったからである。その到達の上に立って行われた調査だが、その結果から見ても学童保育指導員は誰でもやれる仕事ではなく、専門性が求められる仕事であることが明らかになった。こうした指導員の熱い努力の中で、子どもは学童保育で育っている。

私は、学童保育指導員は地域で子どもの発達を担う新しい専門家であると考えている。それだけに学童保育指導員の社会的地位の向上と身分保障の確立が急務の課題と言える。しかし、国の施策は皆無に等しい。現実の指導員の雇用は非常勤・臨時職員が多く、年収も一五〇万~二〇〇万円と安定した生活ができる賃金ではない。勤続年数も三~五年と非常に短い。「『やりがいがあって誇りが持てる仕事』であっても生活ができない」と悔しい思いで泣きながら、学童保育をやめていった指導員がたくさんいる。二一年のキャリアをもつ伊藤さんはまさに貴重な存在だ。その伊藤さん自身も、何回も「もう、やめよう、続けられへん」と繰り返しながら、頑張ってきた。伊藤さんは「一回もやめたいと思ったことのない指導員はほんまもんと違う！」と言い切る。

学童保育指導員はコミュニケーション労働だと位置づける二宮厚美氏（神戸大・学童保育指導員専門性研究会会長）は、指導員の労働条件の確保について、その持論から次のように述べている。

「コミュニケーション労働としての指導労働に専念できるための物質条件を制度的に保障すること、つまり賃金・労働条件を確立することに他なりません。たとえば、公務員や教師は生活の困難だとか悩みだとか憂いを職場に持ち込むことがないようにその職務に専念出来るようにということで、生活を保障し、その仕事が続けられるように給与、労働条件が一定の水準で確立しているわけです。生活が苦しい、貧困のためにやつれているという状態では、頭の中は悩みや気苦労でいっぱいになって、生き生き、はつらつのコミュニケーションどころではない。だからこそコミュニケーションを生命線にするような仕事に従事する者にはちゃんとした賃金・処遇・労働保障が必要になるわけです。一言でいうと『後顧の憂いなく働ける』ということ、これがコミュニケーション労働が成立するための第一の前提条件になります。」（『こども時代を拓く学童保育』自治体研究社）

子どもにとって魅力ある学童保育は、指導員が安心して働き続けることが土台であり、それを抜きに学童保育が質的に発展していくことは望めない。

5　映画「ランドセルゆれて」への想い

大阪の学童保育運動は、国、大阪府、そして市町村へと学童保育の拡充を願っての要求運動や署名運動、保護者会活動の学習交流、指導員の研修等々の親、指導員の要求に基づいて日々活動をつづけてきた。それとともに、大阪学童保育連絡協議会が結成されてから一〇年ごとを節目に、大きな取り組みをしてきた。それは、学童保育は子どもの成長とともに親が入れ替わっていく特徴をもっていることから毎年、毎年、全国をはじめ大阪の学童保育運動や制度・施策の歴史や発展を伝えていかなければならないからである。こうしたことも大阪学保協事務局の大切な仕事となっている。大胆な取り組みは一人ひとりの親、指導員の力に依拠しなければ成功しない。取り組みを成功させていく過程の中で学童保育の役割など伝え合ってきた。

まず、大阪学保協二〇周年記念行事は三カ年計画で取り組んだ。ビデオ「輝け子どもたち――みんなの学童保育」、次に大阪では有名なクラシック演奏に最適なシンフォニーホールでプラハ少年少女合唱団を招いての観賞、その舞台で父母、指導員が「合唱組曲　みどりの風に光る町」を力いっぱい歌った。そして、岡山県八束村ひるぜんに（財）大阪保育運動センターに寄付をしていただいていた六〇〇坪の土地に「ひるぜん自然の家」建設運動に取り組んだ。建設費は目標七〇〇〇万円、「大阪の子どもたちに自然豊かなひるぜんの土地にみんなでふるさとをつくろう！」と意気高い建設運動だった。

二〇周年事業の最後の仕上げが二〇年史「ランドセルゆれて」（大阪の学童保育二〇年）

だった。今回の映画の題名も、製作実行委員会で議論するなかで「やっぱり『ランドセルゆれて』がええわ」と取りあえず仮称で呼んでいたが、製作協力券の普及活動の中で関係者にいっそう愛着心が広がり、仮称だった「ランドセルゆれて」が正式に映画の題名になったというわけである。

一九九九年はちょうど三〇周年に当たった。三〇周年プレ企画と名付け、今度は共働きとその子育てをテーマにした創作劇「泣いて笑って　きらめいて」（学童保育ものがたり）を上演し、一〇〇〇名を超える観客を集めて大成功した。出演はもちろん大人も子どもも学童保育関係者。子どもたちや指導員が日々学童保育で蓄積してきた太鼓、一輪車、コマ、けん玉、民舞などを披露した「学童保育フェスティバル」、最後はなんと〝創作ミュージカル〟「結」。歌、踊りと総勢二五〇人の舞台になった。高校の教師であり、詩人である佐伯洋先生は七曲の創作曲――①「野の花ともだち」②「酔っぱらいの歌」③「かでなの町に住む人よ」④「冬の日」⑤「朝を呼ぶんだ」⑥「ときにはめげておちこんで」⑦「父さんの玉子焼き」を創ってくださった。私たち学童保育の大切な財産になっている。かかった費用は、日ごろ地域でお世話になっている団体、商店、居酒屋、喫茶店、食堂などからの広告の協力でまかなった。こうして、大阪の学童保育運動の中で生み出した文化を総結集した。

今回の映画「ランドセルゆれて」は、こうした三〇数年に及ぶ大阪の学童保育運動が蓄積してきた上での取り組みだった。一枚一〇〇〇円の製作協力券を一〇万枚普及と、これまた大きな大きな目標である。大阪学保協は「二一世紀を子どもの世紀にしていくために――大阪の学童保育を映画化し、学童保育運動から新しい文化の創造に挑戦をしよう！」と呼びかける特別提案を、二〇〇一年四月の第三二回定期総会で行った。毎月一回の実行委員会には二〇～四〇人が地域から集まって、製作協力券普及の経験を交流し合う。「ほんとにできるの？」「そんな、夢みたいな話、うちの地域ではむつかしいわ」「学童保育が映画になる。学童保育そのものをわたしたちが説明するより映像で観てもらったら、もっともっと多くの人に理解してもらえる」「ＯＢががんばってんねん」「チケット一〇枚買ってくれたよ」……こんなことがあちこちで語り合われ、一人、二人と広がっていく様子が実行委員会で報告される。それは一人ひとりの父母、指導員みずからが「学童保育に何故、預けているのか」「こんなに賃金低いのに何故、指導員を続けてるんやろ」と問い返しながらの訴えである。こうした父母、指導員の生活をかけての迫力ある製作チケットの普及そのものが、まさに学童保育を語ることになっていった。

はじめての劇映画「ランドセルゆれて」の完成には、私たちが予期していた以上の反響が出てきている。先の特別提案は学童保育の映画化の意義を三点あげていた。

第一は、映画化を機会に学童保育のもっている教育的意味や子育てにとっての学童保育の役割を訴える。学童保育が法制化され、学童保育は社会的にようやく認知され始めた。しかし、学童保育の具体的内容については多くの人たちにまだまだ理解されていない。また、この映画化を通じて今日の不登校、学級崩壊、児童虐待など深刻な子どもの育ちをもとに考え、地域の教育・子育て運動を広げる。

第二は、実際に学童保育を活用して働きながら子育てをしている親たちに、改めて学童保育の役割や運動の意義を見直す契機にしていく。

第三は、学童保育運動とともに映画づくりを通して「豊かな文化とは何か」を問い直しながら「地域の文化の創造」に挑戦していく。

今、映画「ランドセルゆれて」の地域上映運動が各地で始まっている。地域が大きく変貌し、人間関係が希薄化しているなかで、この上映運動が、こども会、町内会、教職員、街の商店街など地域の活性化と再生に向けての手がかりをつかもうとする、その息吹が芽を出し始めている。私はこころ密かにワクワクしている。地域に子どもの歓声が響きわたっていると、心がなごむ。映画「ランドセルゆれて」を、全国津々浦々で観ていただきたいと切に願っている。そして、輝く子ども時代が過ごせる地域づくりのために、大人たちが子どもとともに力を寄せ合えればと思う。

6　おわりに

私と伊藤さんはかなりの長いつき合いになる。大阪市学童保育連絡協議会が大阪学保協と同じ保育運動センターに事務所を置いていることもあって、大阪市の指導員は毎週数回は学習会や組合や指導員部会などの会合を保育運動センターでやっている。そんななかで保育運動センターに入ってくる指導員の表情など私たち事務局は見えるところにいる。「子どもの保育に自信がなくなった」「親とうまくいかない」「保育料が払えないから、やめていく子どもをどうしたらええんやろ」「子どもが一人増えたで！」こうした指導員の喜びや苦しみを、私は一緒に悩み、ともに考えてきた。

伊藤さんが子どもをとらえる視点はとても優しい。親に対しても同じである。そして、子どもの変化はどんなにささやかであっても逃さず、子どもを励ます。その行為は見事だ。

私は伊藤さんのリアルな話を聞くのがとっても楽しみである。だから、昼ご飯や夜の会議の後、「ちょっと行こうや」と居酒屋へと流れ込む。

大阪には伊藤さんのような、学童保育実践も運動もと親と一緒にがんばって二〇数年のキャリアを積んでいる指導員がたくさんいる。この指導員たちが大阪の指導実践を高めていくリーダーになっているし、運動も継承させ、発展させていっている。何にも代え難い財産になっている。私は長い間事務局の仕事をさせてもらっているが、学童保育指導員ではないけれど大阪の学童保育運動の要である事務局の仕事の大きさに自信をなくしたり、伝えていくために書くこと、しゃべること等々苦手なことが山積されていくと、少々後ろ向きになったりする。そんな時、伊藤さんや、それこそ低賃金のなかで当局と堂々と正論を吐いてがんばっている指導員の姿は、弱気の私を心の底からまたふるい立たせてくれる。ここまで続けてこれたのは大阪のパワーある指導員の力ではなかったのかと思う。

映画「ランドセルゆれて」では、この指導員の仕事の値打ちをどうしても打ち出したかった。そのことが、観ていただく方がたに伝われば何よりも幸いである。最後になったが、中山節夫監督をはじめ脚本を担当していただいた横田与志さんなどたくさんのスタッフのみなさんにこの場をおかりして感謝申し上げます。ありがとうございました。

八田　圭子

1963年、京都市に生まれる。「想像力がひとを豊かにする」をモットーに、映画・ビデオ製作や演劇・音楽会等のステージ制作に携わっている。

前田　美子

1950年、兵庫県家島に生まれる。1970年より大阪学童保育連絡協議会で活動する。現在、同協議会副会長。

学童保育指導員 ドド先生物語

●二〇〇三年 三 月二〇日――第一刷発行

著　者／八田《はった》 圭子《けいこ》・前田《まえだ》 美子《よしこ》

発行所／株式会社 高文研
東京都千代田区猿楽町二－一－八
三恵ビル（〒一〇一＝〇〇六四）
電話　03＝3295＝3415
振替　00160＝6＝18956
http://www.koubunken.co.jp

組版／WEB D

印刷・製本／株式会社シナノ

★万一、乱丁・落丁があったときは、送料当方負担でお取りかえいたします。

ISBN4-87498-302-2　C0037